warum hast Du mit mir nicht getanzt
Das bist FDJ
Weiß!
ca. 1 Woche
und nun sah ich ihn
mit Marko und mir gemacht.
uns immer Briefe, das macht mir
seine geschriebenen Briefe an mich.
Da wir ja meinen Vater das Paket
wieder heraus und klebe sie jetzt hier rein
1 kg Kaffee
1 Päckchen Kakao
Das Teil habe ich nicht gefunden, steht ja sowieso nichts drauf
HAUSFRAU bin ich seit dem 13. Juli 83
Seit gestern bin ich für den Haushalt verantwortlich.
CHARLI
ROSI
MICKI
Da ich immer alle Briefe und Postkarten verbumle werde ich sie ab heute immer einkleben!
Warum?
Hoffen M.!

Jackie A.

APPLE ZUM FRÜHSTÜCK

Blumenbar
bei Aufbau

Jackie A. feierte mehrere Jahre lang in fast jedem Berliner Club ihre Ankunft in Westberlin, wohin sie 1989 aus der DDR geflohen war. Sie schlug sich als Türsteherin, Süßwarenverkäuferin, Fotomodell und Gogotänzerin durch, präsentierte die Sendung »Berlin Beat« im SFB, studierte Schauspiel und verfasste als Meerjungfrau Geschichten für radio eins. Seit 2001 schreibt sie für die Berliner Zeitung und das Stadtmagazin Tip. *Apple zum Frühstück* ist ihr Buchdebüt.

Jackie A. gehört zu einer aussterbenden Spezies: analog geboren, digital erwachsen. In ihrer Kindheit war ihr erster Ansprechpartner noch das Tagebuch, doch kaum erwachsen, war die Welt voller DIGITAL NATIVES.

Jackie, Kolumnistin und Nachtlebenreporterin, versucht, diese verrückte, unbeständige Welt festzuhalten: Legendäre Partys in längst geschlossenen Berliner Clubs und der vergebliche Versuch, sich auf der langweiligen Schuldisco mit Fassbrause zu besaufen.

Beide Welten haben eines gemeinsam: Sie sind bevölkert von lauter komischen und liebenswerten Personen. Jackie hat dabei ein einzigartiges Gespür für außergewöhnliche Orte, besondere Menschen und skurrile Situationen.

Ganz nebenbei ist *Apple zum Frühstück* der perfekte Führer durch das Berliner Szeneleben von damals bis heute.

Jackie A.

APPLE ZUM FRÜHSTÜCK

Mein Leben zwischen Disco und Dispo

Blumenbar

Mit 38 Abbildungen

FSC
www.fsc.org
MIX
Papier aus verantwortungsvollen Quellen
FSC® C083411

ISBN 978-3-351-05007-8

Blumenbar ist eine Marke der Aufbau Verlag GmbH & Co. KG

1. Auflage 2013
© Aufbau Verlag GmbH & Co. KG, Berlin 2013
Einbandgestaltung und Illustration Tim Jockel, Berlin
unter Verwendung eines Fotos von Jackie A.
Druck und Binden CPI – Clausen & Bosse, Leck
Printed in Germany

www.aufbau-verlag.de
www.blumenbar.de

0. Vor dem Aufstehen

Apple zum Frühstück? Nie habe ich einen Apfel zum Frühstück gegessen, auch gleichnamiger Computerhersteller bedeutet mir nichts. Seit Wochen diskutiere ich über diesen Buchtitel, den mein Verlag so passend findet und der rein gar nichts mit mir und meinem Leben zu tun hat – oder etwa doch? Okay, mein Handy hat dieses Apple-Logo. Und ja, es stimmt schon, es liegt immer gleich neben dem Bett und ist das Erste, wonach ich morgens greife. Und das nicht nur, um den Wecker auszuschalten, sondern auch um gleich mal zu schauen, was es auf Facebook, Twitter, Instagram, Timehop, Nerdcore, Spiegelonline, Berlinonline und Google Plus gerade so gibt.

Aber ich bin verdammt noch mal keiner von diesen Apple-Freaks! Ich telefoniere mit einem billigen Discotel-Tarif, kaufe meine Marmelade bei Aldi und bin bereit, alles zu nutzen, was mich nur schnell genug ins Internet bringt. Und sollte auf dem Buchcover wirklich *Apple zum Frühstück* stehen, werde ich diese Stadt verlassen und auswandern in ein Land, durchzogen von W-Lan-Flüssen, wo Smartphones auf Wiesen und an Bäumen wachsen, bereit, von mittellosen oder gelangweilten Eingeborenen gepflückt zu werden.

Mein Name ist Jackie A., ich lebe in Berlin und gehöre zu einer aussterbenden Spezies. Geboren und aufgewachsen bin ich in der analogen Zeit, erwachsen und zu Hause im digitalen Jetzt. Leute wie mich wird es bald nicht mehr geben, und in naher Zukunft werden sich die Menschen über eine Briefmarke nur noch wundern. Als Teenager habe ich mit Tintenfüller in mein Schulheft geschrieben, und wenn ich telefonieren musste, zog ich den Parka an und schlappte an die Straßenecke zum nächsten Münzfernsprecher. Ich stand auf Jungs mit toupierten Haaren und mein intimster Ansprechpartner war mein spinatgrünes Tagebuch. Inzwischen bin ich erwachsen geworden, und so wie es aussieht, die ganze Welt gleich mit. Statt mit Münztelefon und Tagebuch habe ich es mit Smartphone, kaputten Ladekabeln und Laptops zu tun, mit W-Lan, mobilem Internet und Männern mit Haarwuchsproblemen. Ich bin komplett vernetzt, selbst auf dem WC verschafft mein Handy mir Weltanschluss. Schalte ich es am Morgen ein, tobt auf Facebook schon das Leben. Aufrufe zur Demo, *Wow*-Kommentare unter Fotos von Partys der letzten Nacht, Bilder von morgendlichen Latte Macchiatos und Katzen in allen Variationen, Postings zum Wetter und zur politischen Lage, Bekanntgaben von *Ist wieder Single* oder *Unser Baby ist da*. Ein Club im Humboldthain eröffnet mit dem nicht ganz ernst gemeinten Hinweis, man könne dort vorbeischauen und LSD nehmen, aber auch gerne anderen Leuten dabei zugucken. Schon aus beruflichen Gründen möchte ich zugucken und klicke auf *teilnehmen*. Bei Twitter aktualisiert sich die Timeline sekündlich, während ich Tweets durchforste, darunter Perlen wie jene von Sibylle Berg: »Unsere Form des gelebten Wiederstandes: Entfaven und Entliken«. Oder Herr Haekelschweins Bemerkung »Wandteller sind die Altersflecken der Wohnung« – Twitter ist meine Poesie- und Informationsmaschine. Meine Stammkneipe allerdings ist Facebook.

Wie, schon elf Uhr? – Rein in den Bademantel, ran an den Schreibtisch. Vielleicht sollte ich erwähnen, dass ich Kolumnistin bin. Ich schreibe über meinen Alltag hier in Berlin, und die häufigste Frage, die mir auf einer Party gestellt wird, lautet: Kann man davon leben? Doch, klar, antworte ich dann, in stiller Erwartung der zweithäufigsten Frage, die meist wenig später folgt: Wie wird man das eigentlich, Kolumnistin? Und ernsthaft, ich weiß es nicht. Ich habe keine abgeschlossene Ausbildung, nicht einmal Abitur. Mein größter Berufswunsch war es, Pantomime zu werden, und wenn ich heute einen weiß geschminkten Mann auf einem Kasten vor einem U-Bahn-Eingang performen sehe, bin ich eigentlich ganz froh, dass ich es mir nach einem Beratungsgespräch in der Artistenschule Etage Ende der achtziger Jahre doch noch anders überlegt habe. Geschrieben habe ich immer schon, wenn auch selten nach der aktuellen Rechtschreibung. Noch lieber habe ich getanzt, manchmal auf Bühnen, häufiger auf Lautsprecherboxen. Lange Zeit besaß ich nichts, nur einige Exemplare fragwürdiger Literatur lagen auf dem Boden meines spärlich eingerichteten Zimmers. Darunter Bücher mit vielsagenden Titeln wie *Neurose und menschliches Wachstum*. Noch faszinierender als Pantomime fand ich nämlich die menschliche Psychologie, und ich wollte alles über sie erfahren. Nach einem Dutzend Exemplaren von C.G. Jung hatte ich dann erst mal genug gelernt – auch über besorgniserregende Gemütszustände berühmter Psychoanalytiker. Im einzigen Schrank, einem Stück aus dem Sperrmüll, lagerten, neben brisanter Disco-Garderobe, auch schwarze, rote und blonde Perücken für eine wallende Mähne oder einen strengen Garçonschnitt im Handumdrehen. Das übliche Equipment für Jobs als Gogotänzerin oder als Neunziger-Jahre-Technoprinzessin, die sich auf Wagen der ersten Loveparade-Umzüge in absurden Outfits abmühte, die Aufmerksamkeit der Weltbevölkerung auf sich zu ziehen – vorerst vergeblich.

Hier schreibt also eine improvisationsbereite Person auf der Suche nach ein bisschen Aufmerksamkeit, nach Antworten und irgendeinem tieferen Sinn, getrieben von einer großen und unkaputtbaren Gier nach Leben. Es beginnt 1989 mit der Flucht in den Westen. In einem blauen Trabant. Raus aus dem Osten, aus den grauen Plattenbauvierteln am Rande Potsdams, rüber in die ČSSR. Nachts mit Mutter und Schwester über einen dunklen, menschenleeren Platz im Prager Zentrum rennen, vorbei an ringsum stationierten Panzern zur Botschaft der BRD. Dann ohne Pässe mit dem Zug weiter inmitten schreiender Kleinkinder und vollkommen überwältigter und vor Glück weinender Menschen in den Westen, den hoffentlich goldenen …

Im Auffanglager im bayerischen Dingolfing startete mein neues Leben dann eher unglamourös in karierter Bettwäsche, in der Hand eine Haarbürste und das Bravo Magazin – meine erste Anschaffung im örtlichen Supermarkt. Mit dem Flugzeug reisten wir weiter nach Westberlin, und die Ereignisse überschlugen sich.

Berliner Mauerfall, Nacht um Nacht in Clubs, Acid House und Raves, Planet, E-Werk, Walfisch, Tresor, Bunker, Cartier, Gay Tea Dance. Tagelange Partys in Kellern ohne Namen oder leerstehenden Fabrikhallen. Knutschen im Stroboskop. Im Planet auf dem Boden vor der Toilette im Dreck liegen und unter das Shirt eines Jungen greifen, gierig, nach Körper und Leben. Drogen nehmen, auch Menschen sterben sehen. Türsteherin in ehemaligem Nazibunker nachts. KaDeWe-Süßwarenabteilung tagsüber. Dann der Liebe wegen nach Israel. Hochzeit planen und kurz vorher weglaufen. Wieder zurück nach Berlin – Mensch, Berlin!

Dann lernte ich diese Frau kennen. Gudrun Gut sah dem Namen entsprechend ziemlich gut aus. Allerdings hatte ich keine Ahnung, dass ich es mit einer Ikone zu tun hatte. Sie spielte einst Schlagzeug bei der Punkfrauenband Malaria! und hatte mit »Kaltes, klares Wasser« in England einen Riesenhit gelandet. In den Achtzigern hing sie mit all den genialen Typen ab: Einstürzende Neubauten, Nick Cave, Martin Gore. Sie war die Geheimnisvolle mit den langen dunklen Haaren und den ebenmäßigen Gesichtszügen. Ich war die mit dem Mops-Gesicht und den abstehenden Zöpfen. Ich jobbte auf einer ihrer Partys im Tresorkeller, und sie fand mich wohl amüsant. Im Rahmen einer Fördermaßnahme für schwer vermittelbare Jugendliche kam ich dann bei ihrem Independentlabel mit dem lustigen Namen Monika unter. Meine schöne, kettenrauchende Chefin nahm prinzipiell nur Frauen unter Vertrag und konnte hin und wieder echt anstrengend werden, wie das ja häufiger der Fall ist bei interessanten Menschen. Ich kümmerte mich um die Pressearbeit, beklebte zusammen mit unseren Musikern Singlehüllen mit Blümchentapete oder trieb mich offiziell als Tourbegleitung backstage auf Konzerten herum. Nebenbei lernte ich, wie man unabhängig von der Meinung anderer sein eigenes Ding durchzieht und dass Strukturen im Leben nicht zwingend ein Indiz für Spießigkeit sein müssen.

Mit dem neuen Kenntnisstand entwickelten sich die Dinge ganz gut. Ich ging zum Casting für diesen Job beim TV. Sie suchten ein Gesicht für ein junges Format beim SFB, dem heutigen RBB. Mancher sagt ja, das allein wäre schon ein Widerspruch in sich. Kurz darauf war ich Moderatorin der Sendung *Berlin Beat*, wurde zu Filmpreisverleihungen und zu Harald Schmidt eingeladen, bekam gesponserte Klamotten, Werbe-Jobs und Autogrammanfragen. Als die Sendung nach nur einem Jahr wieder eingestellt wurde, hatte ich meine erste große Schlagzeile ganzseitig im Berliner Kurier: »*Berlin Beat* ist tot – Jackie A. auf Stütze?« Die Medienkarriere war Knall auf Fall vorüber und meine Antwort lautete klein und kursiv: *ja*.

Ich fasste den Entschluss, wieder zur Schule zu gehen, diesmal ans Theaterinstitut. Bei der Aufnahmeprüfung überzeugte ich in der zu großen Teilen brüllend vorgetragenen Rolle eines geistesgestörten Kindes, bei der ich genau genommen gar nicht viel spielen musste. Mit dreißig Jahren war ich mit Abstand die Älteste in meiner Klasse, und es gab mir auch nie zu denken, dass der französische

Schauspiellehrer meinen Stil mit dem von Louis de Funès verglich. Ich fand das sogar schmeichelhaft und träumte davon, mit eigenem Comedyprogramm auf Tour zu gehen. Allerdings war ich zunehmend unkonzentriert im Unterricht und ständig übermüdet, weil ich mein Geld nebenbei nachts inzwischen als Nightlife-Reporterin für den Tip oder die Berliner Zeitung verdiente. Der chronische Schlafentzug forderte seinen Preis. Ich schmiss wieder hin. Die Veränderung blieb Konstante.

Tagesjobs, Nachtjobs, in wechselnden Rollen mit schwarzem, blondem oder rotem Haar unterwegs. Es gibt da die unterschiedlichsten Versionen von Jackie. Und klar bin ich eine von denen, die ihr Profilfoto täglich wechseln. Bei Facebook führe ich weiter, was ich in den Clubs schon betrieb. Den ständigen Wechsel, der sich übrigens nicht allein auf Äußerlichkeiten beschränkt. Sie sind nur das Erste, was man wahrnimmt.

Ich glaube, jeder ist ja verschiedene Persönlichkeiten gleichzeitig. Aber nur die wenigsten sind bereit oder in der Lage, sie auch zu leben. Eine meiner liebsten Persönlichkeiten trägt Fischflosse und rotes langes Haar – eine dichtende Meerjungfrau. Die Rolle war mir von meiner Zeit bei Gudrun Guts Plattenlabel geblieben. Mit dem Oceanclub, einem mehrköpfigen Musikprojekt mit eigener Radiosendung, tourten wir durch Clubs und Kulturhäuser. Eine Kostümschneiderin entwarf mir für wenig Geld dieses großartige Kostüm, ein schillerndes Kleid mit violetter Fischflosse als Schleppe. Darin trug ich meine selbstgeschriebenen Texte aus der Unterwasserwelt vor. Ich stand voll auf diese Nummer, ging nachts auf der Bühne ganz in ihr auf. Ich trug meine Geschichten vor, und die Leute in der ersten Reihe strahlten, als wären sie zu Gast in Atlantis. Schleichend, mit fortschreitender Uhrzeit, stellte sich dann das Meerjungfrauen-Dilemma ein. Der eine oder andere angetrunkene Gast interessierte sich nämlich morgens um drei weniger für meine Texte dafür zunehmend für meine Brüste, die sich unter dem transparenten Stoff abzeichneten. Auf Nervige-Typen-in-Clubs-Abwimmeln war ich jedoch schon länger spezialisiert, und so überwogen eindeutig die guten Momente. Einige Fotos der Meerjungfrauen-Episode habe ich auf Facebook gestellt. Jeder kann sie dort sehen, auch wenn ich von den über tausend Freunden nicht einmal die Hälfte kenne. Aus dem Nachtleben weiß ich, dass man sich nicht persönlich kennen muss, um gute Momente zu teilen. Ob dein Gegenüber mit dir auf einer Wellenlänge liegt oder nicht, zeigt sich im Social Network ganz ähnlich wie an einer Bar. Wirken die Gesten gestellt und ist die Uhr am Handgelenk zu protzig, gleicht das einer mit Pathos formulierten Statusmeldung ohne jede Selbstironie. An der Bar verabschiedet man sich dann mit »Ich bin mal auf Toilette«, bei Facebook wird *blockiert* oder einfach ignoriert. Dass die meisten Profile frisiert sind, stört mich nicht. Identitäten erahnen ist doch ein schöner Zeitvertreib. Zudem sind die selbstgeschneiderten Welten entlarvender als man vermuten würde. Da fantasiert sich jemand eine Spitzen-Kunstfigur zusammen, mit Namen und Profilfoto aus einem Science-Fiction-Roman, wähnt sich in Anonymität und verrät allein schon durch diese Auswahl jede Menge über sich.

Meine Facebook-Identität trägt einen echten Namen und stets wechselnde Perücken. Die Augenringe werden wegretuschiert und Meldungen gepostet, die regelmäßig an der Realität vorbeischrammen. Ich halte mein Facebook-Ich dennoch für authentisch. Aber in meiner Welt sind auch Plüschbroiler, ein videopostendes Stoffhähnchen oder das philosophierende Haekelschwein real. Dennoch käme ich nicht auf die Idee, private Telefonnummern oder Adressen ins Netz zu stellen. Beim Glück und in der Liebe allerdings bin ich spendabel. Da ist mir nichts zu banal oder zu privat, um es zu teilen: die neuen SpongeBob-Hausschuhe, das Lieblingszitat oder eine Momentaufnahme der Oma mit Schlapphut. Viele meiner Freunde halten es ähnlich, und so ist es ein einziges Geben und Nehmen. Hier überließ mir jemand sein altes Handy, als ich postete, dass meines kaputt war, hier wird die Gästeliste klar gemacht, hier finden sich die neuen Freunde, schnelle Likes und ja, auch große Liebesgeschichten. Ich habe hier eine erlebt, allein schon deshalb kann meine Facebook-Bilanz nur positiv sein. Dabei stört mich in letzter Zeit häufiger die Belanglosigkeit, die da zwangsläufig durch die Kürze der Kommentare entsteht, oder ich bin genervt von den Wiederholungen scheinbar endlos geteilter Bilder in der Timeline. Das sind dann diese Momente, in denen ich mich frage, wie mein Leben eigentlich ohne Smartphone und Laptop aussehen würde. Ich versuche mich zu erinnern, wie das so war, unvernetzt und analog. Auf eine Antwort stieß ich zufällig, beim Aufräumen im Keller.

Verschnürt in einer Tüte fand ich einige zerfledderte

Büchlein. Die Tüte war hinter ein Regal gerutscht und hatte dort im Staub gelegen. Ich erkannte sie sofort. Sie wurden mir vor Jahren aus der DDR nachgesendet. Nur einen Tag nach der Flucht hatten Fremde unsere Wohnung aufgebrochen und die meisten Sachen mitgehen lassen. Solche Plünderungen passierten während der großen Fluchtwelle andauernd. Ein paar (vermeintlich) wertlose Habseligkeiten, darunter meine Tagebücher, ließen sie zurück. Freunde schickten sie uns nach. Ich weiß noch, wie ich das Paket öffnete und die Tüte mit den Büchern darin sah. Es war aufregend und fühlte sich ähnlich an wie bei einem dieser gelben Westpakete, die wir zu Feiertagen geschickt bekamen. Dieses hier war allerdings kleiner und roch auch nicht nach Fa-Seife oder so. Auf jeden Fall grenzt es an ein Wunder, dass es die Bücher überhaupt noch gibt. Die Jahre von zwölf bis vierzehn sind dort ausführlich festgehalten. Berichte aus einer Zeit, in der sperrige Kofferradios anstelle von MP3-Playern durch Straßen getragen wurden, und als in Ermangelung von E-Mails und SMS noch zerknüllte Zettel mit Nachrichten über Sitzbänke geworfen wurden. Mir wurde klar, dass ich einen Schatz in den Händen hielt: Ein Leben zum Anfassen – ohne Touchscreen! Und weil ich, wie gesagt, andauernd Sachen auf Facebook teile, erfuhr ich, dass auch andere über solche Schätze verfügten. Darunter ganze Koffer voller Liebesbriefe, selbstgeschriebener Gedichte und Tagebücher aus unterschiedlichen Jahrzehnten.

Inzwischen verabreden wir uns zu Lesesalons und lesen uns gegenseitig aus alten Tagebüchern vor. Wir hören gespannt zu, fahren die pubertäre Emotionsachterbahn noch mal gemeinsam rauf und runter – das verbindet, und es gibt immer viel zu lachen. Vor einiger Zeit begann ich, Passagen aus den Tagebüchern abzufotografieren, um sie bei Facebook auf einer eigenen Seite zu posten. Das mag vielleicht etwas merkwürdig klingen, aber ich halte das für wichtig. Auf diese Art möchte ich Dinge bewahren, die mir etwas bedeuten und die es in ein paar Jahrzehnten wahrscheinlich nicht mehr geben wird. Dieses Buch hier bringt die Welten zusammen. Analoge Tagebuchschnipsel treffen auf Blogs aus dem Netz, alte DDR-Briefe auf den aktuellen Facebook-Status. Entstanden sind sechs Kapitel, in denen sich die analoge und digitale Welt direkt gegenüberstehen und so einen ungewohnten Blickwinkel eröffnen. Nebenbei ist es auch noch die Geschichte von Jackie A., einer in die Jahre gekommenen Nachtlebenreporterin.

1

Party!
Feiern auf Facebook, mit Gott und David Hasselhoff

Du weißt, dass du zu lange feiern bist, wenn dir ein Unbekannter vor der Clubtoilette im Vorbeigehen zehn Euro in die Hand drückt und sagt: »Danke. Stimmt so.« Dann ist es an der Zeit, den ewigen Partykreislauf zu unterbrechen und ein bisschen kürzer zu treten, sich einen festen Partner zu suchen oder einen Yogakurs zu belegen. Bis es so weit ist, liegt vor dir ein mehr oder weniger beschwerlicher Weg, dessen Pflaster von leeren Moët-Flaschen, Zigarettenstummeln, benutzten Kondomen, kaputten Sonnenbrillen, Strohhalmen, Konfetti und Kronkorken übersät ist. Ich wanderte Jahrzehnte auf Berliner Partypfaden. Das Feiern war mir ein echtes Anliegen, ich betrachtete es als Auftrag und habe es daher irgendwann zum Beruf gemacht. Und wie in vielen öffentlichen Berufen, die man lange genug ausübt, wird man irgendwann verbeamtet. Ich begann, als Partyreporterin für Magazine zu schreiben und gefiel mir gleich ziemlich gut in der Rolle. Ich trug schwarze Trenchcoats und positionierte mich in den dunklen Ecken der Clubs. Dort errichtete ich meinen Wachposten, was nicht heißt, dass ich auch immer wach blieb. Aber auch in ungünstigen Situationen, wie auf einer schlecht beleuchteten Tanzfläche, machte ich mit versteinerter Miene zwischen Tanzenden meine Notizen.

Auf dem Block standen dann Stichworte, wie »Einrichtung schlimm, viel Kunstleder, DJ XY unzumutbar, Barmann twittert, statt vernünftige Drinks zu mixen.«

Als Partybeamtin im Sturm der Nacht hielt ich mich auch dann noch am Tresen aufrecht, wenn andere schon betrunken und desolat aus der Clubtüre wankten oder herausgetragen wurden. Ein paar Stunden später formulierte ich dann den Text für die Zeitung.

Man kann sich vielleicht vorstellen, dass dies nicht immer problemlos funktionierte. Es gibt daher nur sehr wenige hauptberufliche Partybeamte in Berlin und es braucht Jahrzehnte des Trainings, bis das Unmögliche möglich wird: In der Lage sein, dem Taxifahrer nach der Party klar und deutlich den Weg nach Hause beschreiben zu können und dann am nächsten Morgen, verkatert und noch das verschmierte Make-up im Gesicht, einen griffigen Text formulieren.

Darüber hinaus wird der Partyalltag ganz allgemein unterschätzt, denn selbst das schnöde Feiern will gekonnt sein, und nicht jeder in Deutschland hat das Zeug dazu, ein tauglicher Partygast zu sein.

Wie man unschwer aus meinen Tagebucheinträgen herauslesen kann, wurde auch ich nicht als Partyexpertin geboren. Auf frühen Faschingsevents und Geburtstagspartys hatte ich meine Emotionen oft nicht im Griff. Ich war ein launischer und unberechenbarer Gast, der darauf bestand, nur im Kostüm einer Prinzessin – und in keinem anderen! – teilzunehmen. Als ich in der vierten Klasse war, hatte meine Mutter, entgegen der Abmachung, für eine Faschingsparty ein Bauchtanzkostüm genäht. Es bestand aus ineinanderfließenden bunten Stoffen und einer improvisierten Stirnkette mit kleinen Münzen daran. Mit dem Outfit konfrontiert, rannte ich heulend in mein Zimmer und schloss mich ein. Meiner Mutter gelang es, mich zu überreden, das Kostüm doch noch anzuziehen, und sie fuhr mich mit zweistündiger Verspätung mit dem Auto zur Party. Die war in vollem Gange. Zwischen tanzenden Rotkäppchen, Piraten und Königinnen sah man eine deprimierte Bauchtänzerin mit Złoty-Münzen auf der Stirn, die sich abseits in einer Ecke mit Fassbrause betrank.

Inzwischen bin ich für meine Garderobe eigenverantwortlich und trage auf Partys statt Złoty-Münzen lieber wechselnde Perücken in Kupfer, Schwarz oder Blond auf dem Haupt. Manchmal fragen mich Leute, warum ich das tue, ob ich vielleicht eine schlimme Krankheit habe oder einfach nicht erkannt werden möchte. Dann seufze ich, gehe an die Bar und bestelle abseits vom Gedränge einen bis fünfhundert Drinks.

Jackie Asadolahzadeh

Geburtsdatum:	24.11.1801 als Ludwig Bechstein in Weimar
Beziehungsstatus:	im Trennungsjahr mit Deutsche Telekom
Über mich:	Gonzojournalismus und Nachtlebenforschung since 1891
Sternzeichen:	Windjacke
Interessiert an:	Gold, Diamanten, Hühnersüppchen, Celine Dion
Aktivitäten:	mit offenem Haar im Windkanal tanzen
Letzter Track:	Harald Juhnke, „Barfuß oder Lackschuh"
Letzte Party:	Prince Charles, Kreuzberg
Letzte Meldung:	Habe einen Zettel an den Briefkasten geklebt: „Bitte keine Werbung, keine Zeitungen, keine Rechnungen, keine Mahnungen – nur Liebesbriefe!" via Tino Meißner
Kontostand:	– 3060,20 Euro
Bankinformation:	Jubelmonate! Gewinnen Sie jeden Monat ein Extragehalt – Ihr Geld kann mehr!

Digital

Tschüssikowski, Bar 25
Publikum: *aufgeregt, verschallert*
Lokalität: *improvisierte Westernranch/charmante Sperrmüllhalde am Wasser*
Atmosphäre: *Zwischen Dschungelbuch, geschlossener Psychiatrie und Kindergeburtstag*
Besondere Kennzeichen: *Schaukel im Baum*

Eine Partybeamtin bricht nicht in Tränen aus, nur weil ein Club schließen muss. Sie verfasst auch keine gefühlsduseligen Gedichte oder hinterlässt zig pathetische Statusmeldungen zum Thema bei Facebook, und niemals würde sie sich eine »25« auf den Innenarm tätowieren lassen, wie ein berühmter DJ das mal getan hat. Sie ist ein Mensch der Fakten und lässt diese für sich sprechen.

Ich werde Ihnen nun meinen ersten Besuch in der Bar 25 schildern. Es war vor Jahren, als ich mich mit einer Kollegin zur Inspektion des schon damals berüchtigten Clubs verabredete. Wir waren beeindruckt von den Gerüchten rund um Personen, die hier angeblich mit Handys auf der Tanzfläche masturbieren, von hyperaktiven Hippies mit Unterhosen voller Konfetti und von GHB-Drogenopfern, die im Minutentakt auf Krankentragen abtransportiert würden – beim Eintreten waren wir dementsprechend ziemlich nervös. Das Erste, was mir dann auffiel, war die Herzlichkeit der Anwesenden. Die Bar war, wie sich herausstellte, eine in sich geschlossene Welt, ein Ferienlager mit Wasserblick, mit Schaukeln an Bäumen und buntem Publikum. Kostümierte Realitätsflüchtlinge; energiegeladene, abgewrackte, alte und jüngere Suchende, die im Wurmloch 25 auf jede erdenkliche Art Zeit und Raum verplemperten – nur masturbiert hatte niemand.

Eine Frau in Samtmäntelchen und mit Königinnenkrone versah unseren Weg mit rot gestreiften Verkehrshüten, daneben stolperte eine Gruppe Matrosen aus einem Fotoautomaten – etwas mit Elfenflügeln hing matt, aber glücklich in einer Schaukel unter einem Baum. Der Club war von beinahe allen Seiten offen, Sonnenstrahlen glitzerten auf der Spree, die Tanzfläche war berstend voll. Beim Durchdrängeln kam ich mit diversen Leuten ins Gespräch, Getränke und ein Strohhut wurden angeboten, nach Zigaretten wurde gefragt, jemand verdrehte auf lustige Art die Augen – ich machte ein komisches Gesicht zurück. Stunden süßen Nichtstuns vergingen, und die Kollegin war lange schon verschwunden. Ich fand sie später im benachbarten Areal des Circus im Sand unter einem Raver vergraben, es ging wohl um Erotik. Weil die Kollegin sonst eher sachlich unterwegs war, habe ich mich natürlich für sie gefreut. In Feierlaune bestellte ich Sekt an der Bar, die Tresenkraft gab dazu noch Schnäpse aus. Gegenüber tanzte extrovertiert ein Tourist aus L.A., der nach weiteren Getränken für mich wie Jesus Luz aussah – dieser Liebhaber von Madonna – nur in interessant. Tatsächlich tanzten wir bald zusammen sehr engagiert und unterhielten uns auch stundenlang, es hagelte Konfetti, irgendwann dann knutschten wir wie verrückt und verabredeten uns bei ihm in L.A. Dass ich einen Job hatte und in einer Beziehung steckte, hatte ich in diesem Moment total vergessen. Tags darauf beichtete ich meinem Partner die Geschichte und die ohnehin schon stark angeschlagene Beziehung war nach kurzer Schreierei beendet. Ich nahm mir frei und buchte einen Flug nach L.A. Es sollte der schlechteste Urlaub meines Lebens werden, die Party in der Bar war allerdings, mal rein faktenmäßig betrachtet, ganz gut.

Party mit Siegfried und Roy – zu Gast bei der Türkischen Community

Einrichtung: *Harald-Glööckleresk – Gold und Glanz*

Publikum: *Clubschiff-Aida-Passagier trifft Michael-Jackson-Double*

Waschräume: *exzentrisch (pinkes und schwarzes Toilettenpapier)*

Atmosphäre: *Party mit Außerirdischen auf Kampfstern Galactica*

Männer in Glanzanzügen stehen handytelefonierend vor dem futuristischen Unterbau des Berliner Fernsehturms. Die Nummernschilder parkender Luxuslimousinen sind mit Leuchtbuchstaben MIO gekennzeichnet. Üppige Blumengestecke der Sponsoren ADA Tower oder Rechtsanwalt Sami Caki schmücken den Eingang, der rote Teppich ist ausgerollt. Touristen drängen an die Absperrung und jemand fragt: »Was ist los, eine Preisverleihung?« Die Antwort eines Passanten lautete: »Nee. Dit is dit neue Momo-Restorant.«

Das Momo heißt in Wahrheit Mio. Mio, wie eine Million Dollar oder Türkische Lira, ein Ort für internationale Millionäre und Millionärinnen und vor allem solche, die es gerne wären, also Menschen wie mich. Dementsprechend erfreut bin ich über die Einladung zum Opening des Clubrestaurants, dem selbsternannten Home of Style, Taste and Glam. Glaubt man dem Pressetext, wurden die eigenen Ansprüche noch übertroffen, Zitat: »Die Deckeninstallation aus 620000 Swarovski-Kristallen bildet das raumbestimmende Designelement und beeindruckt durch filigrane Eleganz und funkelnde Lichtspiele. Die State-of-the-art LED-Lichtinszenierung lässt das MIO auf Wunsch in bis zu 16000 verschiedenen Lichteffekten erstrahlen. [...] Wer in der VIP-Lounge Platz nimmt, kann dank der in Europa einzigartigen Touch-Tables Speisen und Getränke über den Tisch-Screen bestellen ...«

Aufgrund der bescheidenen Präsentation frage ich am Pressestand nach, ob das denn alles seine Richtigkeit hätte. »Ja, alles richtig«, sagt man mir. Der Geschäftsführer sei übrigens türkischstämmig, wird angefügt, womit mir als Partybeamtin sogleich jeder Wind aus den Segeln genommen wird. Einem geschmacklosen Altberliner Wirt hätte ich seinen »multifunktionellen Gourmettempel« verbal in der Luft zerrupft. In der türkischen Community gelten jedoch andere Parameter, und ich beschließe, das Event möglichst vorurteilsfrei zu betrachten, was aufgrund der bevorstehenden Eindrücke leider überhaupt nicht einfach wird. Ich passiere den roten Teppich wie eine Hauptverkehrsstraße mit kaputter Ampel im Wedding und positioniere mich unter einer Yuccapalme im Außenbereich mit Blick auf den Veranstaltungsschwerpunkt »Gratis Buffet«. Menschen in feierlicher Garderobe stehen Schlange für Austern, Fisch oder Lamm – ein bisschen wie auf dem Clubschiff Aida, nur bunter und mit leuchtenden Stoffen, viel dunkler Mascara, Zigarre rauchenden Großvisieren und schwerem Parfüm in der Luft.

Zufrieden trägt eine dicke Frau, Typ exotische Tine Wittler, ihren Teller zum Tisch. Ihre Freundinnen folgen ihr auf hohen Absätzen. Auf dem roten Teppich posiert derweil ein Geschäftsmann mit hochgeschlagenem Kragen und Daumen-hoch-Geste für die Kameras. Er signalisiert Erfolg und Dynamik, während ich, reichlich undynamisch, meine Recherchetour auf dem WC fortsetze. Es ist ein schwarzer Designertraum mit im Waschbecken integrierter Blumenvase sowie futuristischem Händetrockner. Das Gerät ist so laut, dass ich nicht wage, meine Hände hineinzuhalten. Der Club selbst ist eine Kombination aus Hightech-Spielereien und goldfarbenem Interieur. Er wirkt wie ein Gemeinschaftsprojekt von Mode- und Tapetendesigner Harald Glööckler und dem Musikkomponisten Jean Michel Jarre. Ich bestelle gerade den zweiten Campari-O, als Unruhe am Eingang aufkommt. Zirka zwanzig Fotografen bilden die Vorhut zweier Gestalten in ultraknappen Paillettenkleidern, die Lippen überschminkt, dazu Domina-Zopf und enge Halsbänder im Leopardenprint. Tatjana Gsell (Erotikmodel) und Djamila Rowe (Botschafterluder) streben zielgerichtet in den offen einsehbaren VIP-Bereich und beginnen mit ihrer Performance. Inoffizieller Arbeitstitel: Siegfried und Roy im Discoschlampenland. Hierzu reibt sich die Gsell lasziv an einem Mann, der sich wie ein herzinfarktgefährdetes Michael-Jackson-Double aufführt: dramatische Gesten, tänzerische Pirouetten und auftrumpfende Blicke in die Kamera von *RTL-Explosiv.* Der kostenlose Alkoholausschank bleibt auch sonst nicht folgenlos. »Die Aktivitäten auf der Tanzfläche sind beachtlich und ähnlich denen in den Beiruter Clubs«, erklärt eine Kollegin vergleichend. Sie war vor kurzem erst auf Auslandsreise. Ich möchte jetzt mehr von ihr über Beirut erfahren, doch leider ist kaum ein Wort zu verstehen und das Gejohle vorm Tresen groß. Da oben werden einer attraktiven Gogotänzerin von zwei Typen die Brüste mit Champagner abgeduscht. Der müde wirkende VIP-Gast Rolf Eden zieht derweil seinen Mantel an. Beim Verlassen des Clubs frage ich mich, ob ich hier irgendetwas über die Türkische Community lernen konnte, aber nein. Guter wie schlechter Geschmack ist international.

Party mit Gott

Ambiente: *Karibisch – nur ohne Cocktails, Palmen und Reggae-Musik.*

Atmosphäre: *dösig*

Besonderes Merkmal: *Überraschungs-Performance*

Dreiunddreißig Grad im Schatten. Wie erschossen liege ich auf meiner Decke am Müggelsee. Ein paar Meter weiter kiffen junge Leute und hören Mixtapes von DJ Das Amt. Ein nasser Dackel verrichtet sein Geschäft an einer zerbröselnden Sandburg, und zwei Mädchen streiten im Wasser, wer auf der Luftmatratze liegen darf. Die Welt ist heiß und in Ordnung an diesem Tag, der wie alle Montage im Dienste der Erholung und Party-Rekonvaleszenz steht.

Drüben unter einer Eiche liegt sich ein Pärchen im Arm. Sie wirken glücklich, tragen weiße Hemden im Partnerlook – ein Bild perfekter Harmonie, befinde ich noch, dann döse ich weg.

Eine Megafonstimme holt mich in die Realität zurück. Bei Augenaufschlag haben sich zirka achtzig weitere Personen um das Pärchen unter der Eiche versammelt. Alle tragen weiße Leinenhemden oder Bettlaken um die Hüften gebunden. Sie haben sich im Kreis formiert und hören, was ihnen ein Mann in der Mitte zu sagen hat. Soeben spricht er durch das Megafon eine gewisse Christine an. Die junge Frau mit burschikosem Haarschnitt und auffallend großen Brüsten steht in der ersten Reihe. Sie bekommt rote Wangen, als der vermutliche Guru sie auffordert: »Tritt nach vorn und erzähle uns, wie du Gott begegnet bist.«

Christines Stimme klingt angenehm sanft, während sie von ihrem ersten Treffen berichtet. Es war an einem Montag, genau an dieser Stelle unter der Eiche, erzählt sie. Dann kündigt sie einen Musikvortrag zur besseren Veranschaulichung an, denn – so erklärt sie weiter – einzig mit Musik könne sie ausdrücken, was da in ihr vorging. »Dit kann ja keener mitanhööörn!«, protestiert ein Berliner Badegast und stopft sich demonstrativ seine Walkmankopfhörer in die Ohren. Vergeblich. Auf Christines Stichwort bringen Männer mit Dreadlocks Trommeln und eine Gitarre herbei. Letztere wird überraschend an eine Subwoofer-Box angeschlossen. Dann greift die junge Frau zum Mikrofon. Im nun folgenden, rhythmisch verstärkten Gesang, wird neben Mutter Erde, der Sonne und den Vögeln auch Gott gewürdigt. Der Sound hallt weit über die Badewiese, während weißbekleidete Menschen, trunken von Sonnenschein, Christines glockenklare Stimme tänzerisch frei interpretieren.

Die Party ist in vollem Gange, als auch wir von der Megafonstimme eingeladen werden teilzunehmen. Ein bulliger Typ mit einem winzigen, um die Lenden gewickelten Frotteetuch steht auf und brüllt: »Verzieht euch, ihr Spinner!« Doch unbeirrt wird weitergefeiert, bis ein anderer entnervter Atheist unter die Eiche tritt und dem Sprecher ganz klassisch »eine auf's Maul« anbietet. Der gibt sich unbeeindruckt, sagt, man ließe sich so nicht vertreiben. Dann, plötzlich, packt die Party-Crowd ihre Sachen zusammen und verlässt den Ort. Ruhe kehrt ein.

Später, beim Schwimmen im See, blinzele ich glücklich in die Sonne. Das Wasser schimmert golden, der Himmel ist wolkenfrei, und nur ein winziges Schiff ist in der Ferne zu sehen. Als es Kurs auf die Badestelle nimmt, kommt mir ein Verdacht. Zuerst sind Trommelklänge zu hören, dann Gesang. Es geht um Mutter Erde, die Sonne und – jetzt höre ich's genau – auch um Gott.

Party mit David Hasselhoff

Atmosphäre: *Wahnsinn! – zwischen früher Loveparade und Mauerfallparty*

Publikum: *euphorisch, mit Transparenten*

Live-Act: *professionell*

Neulich klingelte das Telefon. Jemand fragte, ob ich an der Seite von David Hasselhoff auf einem Wagen demonstrieren würde. »Äh, mit wem bitte?« Wie sich herausstellte, hatte The Hoff einen Flug nach Berlin gebucht, weil er ähnliche Ziele verfolgte wie die Club Commission, die zur Protestveranstaltung lud, sowie jede Menge Berliner – inklusive mir. Es ging darum, Aufmerksamkeit für den Erhalt der East-Side-Gallery zu schaffen, um die Bebauung des ehemaligen Todesstreifens doch noch abzuwenden und die Freifläche für alle zugänglich zu erhalten. Das hier nebenbei ein, nun ja, denkwürdiges Event sowie ein Foto für meine Omi mit The Hoff drin war, freute mich natürlich auch ungemein.

24 Stunden später verpasste ich die Tram. Ich wusste nämlich nicht, welche Frisur ich tragen sollte, um die Seriosität meines Anliegens zu unterstreichen, gleichzeitig jedoch eine gewisse Spaßbereitschaft gegenüber The Hoff zu signalisieren. Im Dauerlauf nahm ich die letzte Strecke vorbei an dutzenden Presseleuten zum Konferenztisch im Yaam. Der Stargast traf eine Minute später ein. Er trug ein leichtes Make-up und eine in die Jahre gekommene Discofrisur. Wir hatten also schon zwei Dinge gemeinsam. Es stellte sich heraus, dass Hasselhoff gut informiert war. Er vermittelte auch nicht den Eindruck, er glaube ernsthaft,

dass wegen seines Auftritts 1989 mit einer beleuchteten Lederjacke die Mauer zu Fall gekommen wäre. Er sagte, dass ihn die Euphorie der Wiedervereinigung damals genauso ergriffen habe wie jeden anderen, der dabei war. Über 20 Mal war er seither in Berlin. Man sagte, er hätte seinen Flug selber bezahlt. Klar, konnte er sich nun auf kostenlose Promotion freuen. Ich fand das aber okay. Er bescherte unserem Anliegen die nötige Aufmerksamkeit, und ich gönnte ihm jede Schlagzeile dafür. Zum nun folgenden Programmhöhepunkt »Mauerspaziergang« hatten sich bereits mehrere tausend Leute vorm Yaam eingefunden. Am Ausgang blieb ich direkt in einer Menschentraube stecken und musste mitansehen, wie The Hoff in der Ferne unter Jubelrufen auf einen abgewrackten Transporter stieg. Verdammt. Sollte jetzt, wo es erst richtig lustig werden würde, schon wieder alles vorbei sein? Auf gar keinen Fall! Vorbei an Hunderten drängelte und schimpfte ich mich Richtung Protestwagen, um hier ein markerschütterndes »Daviiiiid!« loszulassen. Ein Kameramann drückte mir zeitgleich seinen Ellenbogen in die Rippe, das Gequetsche war wirklich enorm. Ein Polizeibeamter erkannte den persönlichen Notstand und ließ mich aufsteigen. Hasselhoff sang »Looking For Freedom« ins Megafon und ich begann aus einem Kanister, der da neben einer zusammengerollten *Mediaspreeversenken*-Fahne in einer Ecke stand, Glühwein an Demonstranten auszuschenken. Das riesige Menschenmeer konnte man vom Wagen gut überblicken. Es waren Tausende mit Rettungsbojen und selbstgebastelten Schildern, auf denen Sprüche wie *Hofftastic* standen. Ich dachte an die Kritiker, die behaupten würden, die Demo wäre eine leere Spaßveranstaltung, ähnlich wie manche ältere Leute, die meinen, dass echte Arbeit keine Freude zu machen hat. Auf einem leeren Glühwein-Kanister sitzend, beobachtete ich The Hoff, wie er sich ins Zeug legte, und so langsam dämmerte mir, warum viele Berliner eine Schwäche für Hasselhoff haben. Er schien mir wie ein Stehaufmännchen, das die Bezirke Charlottenburg und Neukölln in sich vereint. Aufstieg und Fall. Die große Geste und die tragischbesoffene Hamburger-Einlage … – unser Harald Juhnke aus Hollywood! Dann, in Eile, stieg der 61-Jährige außerplanmäßig vom Truck. Mit einem Polizeiwagen fuhr man ihn zum nächsten WC. Er sagte noch, er käme für ein Benefiz-Konzert zurück. Und ganz gleich, was man von ihm oder der Aktion halten mag, im Gegensatz zu Klaus Wowereit war er da, als Unterstützung gebraucht wurde.

Party vom Chef

Luft: *dick, blaudunstig*

DJ: *guter Dienstleister, leider betrunken*

Atmosphäre: *Betriebsfeiertypisch – harmlos beginnend, würdelos endend*

23.00 Uhr: Torstraße, Eintreffen in Kellerbar. Im Publikum Musikjournalisten, Kunststudentinnen, Mediengestalten, viele Menschen um die dreißig sowie eine Frau im Hasenkostüm – wegen Ostern.

23.05 Uhr: Check vorm WC-Spiegel. Haare korrekt, Garderobe auch – möchte heute noch das Thema Gehaltserhöhung ansprechen. Also klaren Kopf behalten, nicht betrinken.

23.15 Uhr: Gespräch mit Performancekünstlerin *Lebende Discokugel* über Jobs und Männer. Bekannte stößt dazu, glückstrahlend. Berichtet, dass sie soeben sensationellen Telefonsex hatte mit neuer Flamme, kennengelernt im Fitnessstudio – megageiler Typ. Demnächst Hochzeit. Wahnsinn. Warum passiert mir so was nie?

23.20 Uhr: Internetverabredung trifft ein. Kurz zuvor noch wild geflirtet in Onlinecommunity, jetzt zusammen ratlos in der Ecke stehend. Ich wechsle zur Bar, er twittert angestrengt.

23.30 Uhr: Ein Sekt wird schon nicht schaden.

23.50 Uhr: Fantastisch! Barmann erkennt mich vom letzten Mal. Freigetränke!

0.00 Uhr: Dynamischer Gesprächsverlauf mit neuen Freunden (Namen vergessen), Thema: Alternative Lebensmodelle. Dorf in Meckpomm kaufen, Kommune gründen, Gemüse selber anpflanzen, Abende am Lagerfeuer … Barbetreiber und ein Partyveranstalter sind dabei, ich auch. Darauf: Sekt!

2.00 Uhr: Zeit für körperliche Wohlfühlbekundungen. Den introvertierten Tresennachbarn einfach mal drücken, dann tanzen. Chef legt auf.

3.00 Uhr: Betrunken, übers DJ-Pult gebeugt versuchen, Honorare zu verhandeln – schlechte Idee.

4.00 Uhr: Muss die Schuhe ausziehen! Auf Strümpfen mit unbekannten Menschen weitertanzen. Ein Hocker fällt um, ein Berg darauf liegender Jacken liegt nun verstreut auf dem Boden – ja, und?

4.30 Uhr: Den DJ nerven, dass er die Musik lauter drehen soll. Immer weitertanzen mit Fäusten in der Luft: »Sekt, Sekt, Sekt!«

5.30 Uhr: DJ weg, Barmann weg, Leute weg. Knutschen mit dem letzten Gast – schon wieder Johannes. Mann Mann Mann.

6.00 Uhr: Mit Taxi nach Hause. Geld alle. Zwischenstopp Sparkasse.

6.05 Uhr: Vorm Bankautomaten feststellen, die Geheimnummer vergessen zu haben. Zurück zum Taxi ohne Geld. Wo sind eigentlich meine Schuhe?

6.10 Uhr: Will zurück zur Bar, um vergessene Schuhe einzusammeln, Taxifahrer weigert sich. Dicke Luft!

6.15 Uhr: Sensation. Taxifahrer will seine Ruhe und spendiert die Fahrt nach Hause. Schuhe müssen warten.

12.30 Uhr: Vollständig bekleidet im Bett aufgewacht, sogar das Handy noch in der Hand. Es klingelt: Chef ist dran wegen Honorare. Ein neuer Tag beginnt.

Party auf Facebook

Publikum: *gemischt, mit Stammklientel um die dreißig*
Atmosphäre: *zwischen Baumarkt, Swingerclub und Großkundgebung*
Interieur: *vorwiegend blau und weiß, zu viele Katzenbilder an den Wänden*
Besonderes Kennzeichen: *Mutti feiert mit*

Kater Holzig, Prince Charles, Q-Dorf, Facebook – Letzteres ist doch auch ein Club. Nur heißt hier der Tresen Timeline und die Backstagearea findet man in einer geschlossenen Gruppe. Auch hier gibt es Stammgäste, anstrengende Monologe und plumpes Flirtgebaren. Es gibt den neuesten Gossip, ein paar wirklich gute Momente, peinliche Bekanntschaften und eine Handvoll cooler Säue – also jene, die im Club Breakdance oder die richtigen Sprüche draufhatten. Auf Facebook sind es die WortakrobatInnen mit den schlauwitzigen Posts, die oft schneller als andere sind. Leider ist der Türsteher unkonzentriert, weil meistens am Twittern, und so rutschen ihm jede Menge komischer Gestalten durch. Darunter Leute, die einem an der Tanzfläche viel zu dicht ins Ohr schreien, weil sie ausschließlich in GROSSBUCHSTABEN KOMMUNIZIEREN, VERSTEHST DU, WAS ICH MEINE?, oder Leute, die jede einzelne deiner Meldungen mit einem halbseitigen Negativkommentar beantworten. Quelle solch ungünstigen Verhaltens ist häufig Unwissenheit. Vor einiger Zeit verfasste ich einen Knigge mit Benimm-Empfehlungen für Clubs. Diese möchte ich nun für meine Social-Media-Stamm-Disco vervollständigen, und wenn nur zwei Leute die Tipps berücksichtigen, sehe ich meinen Beitrag für ein schöneres Facebook als erfüllt an.

1) Wer nach einer bestätigten Freundschaft als Erstes Aufforderungen verschickt, Fanseiten oder Gewinnspiele zu liken, gehört entfriendet.

2) Wer komplexe Themen per FB-Kommentarfunktion durchdiskutieren will, versucht vermutlich auch vorm DJ-Pult in der Wilden Renate die Reaktivität von Kohlenstoffatomen mit Doppelbindung zu erläutern. Fehler!

3) Egal, was sie dir erzählen: Bill Gates verschenkt keine Millionen Dollar, und du gewinnst auch kein iPhone, wenn du einen Status likest. Der Barmann im Kingsize gibt dir ja auch keine Flasche Schampus aus, nur weil du ihm stolz dein Daumen-hoch präsentierst.

4) Bitte beruhige dich. Dass es im Sommer heiß ist oder im Winter schneit, kommt vor und muss nicht extra kommentiert werden. Oder rennst du wirklich ins Watergate zurück und rufst: »Leute, es schneit!«, weil du auf dem Nachhauseweg ein paar Schneeflocken abbekamst?

5) Das Rumgeschreie, nachdem FB mal wieder sein Layout verändert, ist absurd und die Forderung »Wir wollen unser altes Layout zurück« so sinnvoll, wie sich im Berghain darüber zu beschweren, dass jemand die Wand hinterm DJ-Pult gestrichen hat.

6) Gilt für die WC-Tür im Cassiopeia genauso wie für die Facebook-Wall: Smileys und Herzchen sparsam verwenden, immer origineller: ein paar schlaue Worte.

7) Kommunikation im Facebook-Universum ist wie ein Gespräch in einer ländlichen Großraumdiscothek, prädestiniert für Missverständnisse. Daher sachlich bleiben und nie, ich wiederhole, nie etwas persönlich nehmen.

8) Nicht nerven! Wer zehn von zehn Statusmeldungen kommentiert, sollte sich fragen: ist meine Meinung wirklich ein Mehrwert oder ist einfach-mal-die-Fresse-halten vielleicht doch die bessere Alternative?

9) Mein Verdacht: Wer auf FB viel *anstupst*, tippt auch Tanzenden von hinten auf die Schulter. Beides ist, vor allem als erste Kontaktaufnahme, eher fragwürdig.

10) WER NUR IN GROSSBUCHSTABEN SCHREIBT, BEKOMMT HAUSVERBOT.

Mit Liebe, Deine Jackie A.

Heiliger, nackter Abend

Sauberkeit: *wie Backstage beim Exploited-Konzert*

Personal: *nicht vorhanden, Selbstbedienung*

Atmosphäre: *wie unter der Brücke, aber Gardinen mit Goldkante*

Ich lebte mit meinem Freund Pfütze und ein paar Flöhen in einer Art Punk-WG ohne Bad in Kreuzberg. Wir schauten die meiste Zeit Musikvideos auf einem alten Schwarz-Weiß-TV und versuchten Tanzstile und Styling der abgewrackten Hauptdarsteller zu imitieren. Es gelang uns immer nur mäßig, und wir waren sehr unglücklich wegen unseres unverbrauchten und gesunden Erscheinungsbildes. Seit drei Wochen waren wir nun schon ein Paar und obwohl inzwischen so ein Insektenschutz-Typ die Dinge zu Hause gerichtet hatte, schienen mir die Lebensumstände unserer Beziehung nicht optimal. Am 23. Dezember verabschiedete sich Pfütze, um mit dem Zug ins heimatliche Westdeutschland zu reisen, und ich ergriff die Gelegenheit, sämtliche Freunde und deren Bekannte zu einem massiven Vorweihnachts-Rave nach Hause einzuladen, wobei das Wort »Rave« erst Jahre später aufkam. Es gab also ein Fest mit viel Alkohol, lauter Musik und krakehlenden, sich unkontrolliert und knutschend auf Matratzen wälzenden Teenagern. Ich hatte die meiste Zeit getanzt und mich mit Ulf unterhalten, der mich schwer faszinierte, weil er einen Irokesenschnitt trug und mich mit seinen harmlos wirkenden Knopfaugen an ein Eichhörnchen erinnerte – so viel zum Thema erotische Phantasien von Mittzwanzigerinnen.

Die Party war ein voller Erfolg und kam erst am Abend des 24. zu einem Ende. Inzwischen waren das Eichhörnchen und ich ein Paar, und weil wir Hunger hatten und auch mal duschen wollten, ging ich mit zu ihm. Unterwegs berichtete er von seinem Job in einer EBM-Band als jemand, der am Synthesizer steht und so tut, als ob er spielt, dabei gar nicht spielen kann, und dafür Freigetränke sowie 35 DM pro Auftritt erhält. Ulf war also reich. Dann ging es noch um seine Mutter, eine komplizierte wie diktatorische Inhaberin einer Gynäkologie-Praxis in Charlottenburg, bei der er sich anscheinend ein bequemes

Leben eingerichtet hatte. Hätte ich gewusst, dass ich sie nur wenig später persönlich kennenlernen sollte, hätte ich Weihnachten lieber zwischen fünfhundert leeren Bierdosen in Kreuzberg verbracht. Angekommen in einer überdimensionalen Altbauwohnung mit Stuck und Marmorbad, war ich jedoch erst mal begeistert. Das Eichhörnchenzimmer war riesig und in einer Ecke wurden Lebensmittelvorräte gelagert: Palettenweise Joghurt, H-Milch und Chips. Ich schaute einem romantischen Abend entgegen. Zum ersten Mal waren wir ungestört und bald auch nackt. Im Bett war das Eichhörnchen eher passiv und ich nicht übermäßig anspruchsvoll – so erlebten wir ein paar glückliche Pettingmomente. Dann klopfte es. Wir stellten uns eine Weile tot, doch das Klopfen wurde bestimmter. Ulf schlappte also mit gesenktem Haupt vor die Tür, wo eine Diskussion mit einer weiblichen Stimme folgte. Überraschenderweise war es nicht Ulf, der ins Zimmer zurückkehrte, sondern seine Mutter – mit zusammengekniffenen bleichen Lippen. Sie sagte nicht viel, aber die wenigen Worte in einem Ton, dass ich, ohne meine Klamotten zusammenzusammeln, aus der Wohnung eilte. Lediglich mit einem Slip bekleidet, stand ich auf der Uhlandstraße und wartete, dass Ulf mir meine Sachen runterbringen würde. Aus bis heute ungeklärten Gründen tauchte Ulf aber nie auf. Dafür ein Taxi mit einem verständnisvollen Fahrer. Er spendierte mir eine Decke und die Tour zurück nach Kreuzberg – das beste Weihnachtsgeschenk bis heute.

Beste Party, Hochzeitsparty!
Publikum: *sämtliche Generationen, diverse Nationalitäten – alle overdressed*
Atmosphäre: *dramatisch, Karneval der Kulturen trifft auf CSD*
Besonderes Kennzeichen: *Bräutigam auf Feuerwehrwagen*

Zwischen Disco und Dispo passt auch eine Hochzeitsparty. Ganz egal, was man von der Ehe halten mag, die Hochzeitsparty ist die Königin unter den Festivitäten. Sie ist Berghain-Jubiläum, Bar 25-Geburtstag, Fisch-sucht-Fahrrad-Party, Silvester und Abi-Abschlussball in einem und sollte in jedem Leben mindestens einmal stattfinden. Wer es sich leisten kann, macht's am besten wie Elizabeth Taylor, Zsa Zsa Gabor oder auch meine Mutter und heiratet immer wieder aufs Neue.

Meine eigene Hochzeitsparty fand im Jahr 2000 statt, die Eheschließung mit dem persischen Musiker und DJ war an Dramatik kaum zu überbieten. Das Konto wurde geplündert, ein Schloss am See angemietet und 200 Gäste geladen.

Ein Dutzend Neffen und Tanten flogen eigens aus dem Iran ein, um ihm und seiner Braut alles Gute zu wünschen. Frisch getraut betraten wir das Schloss, Adrenalin durchströmte meinen Körper, der Schleier war endlos und weiß und von silbernen Miniatur-Seepferdchen im Haar getragen. Die Atmosphäre war über alle Maßen feierlich und andauernd weinte irgendeine aufgebrachte Verwandte – vor Freude, versteht sich.

Eine aserbaidschanische Kapelle spielte auf, die Musiker waren fantastisch und meine Schwiegermutter nicht mehr zu halten. Die Fünfzigjährige schnappte sich den Sohn und tanzte den Eröffnungstanz, der ja eigentlich dem Brautpaar gebührt. Mit schnipsenden Fingern sprang die 1,50 Meter große Mini-Ausgabe einer Sophia Loren übers Parkett, wobei der Sohn seine Mühe hatte mitzuhalten. Derweil war ich damit beschäftigt, unzählige Hände zu schütteln und Geschenke entgegenzunehmen: aus dem Iran goldene Münzen und Armreifen, aus Deutschland Badezimmerschränke. Während der Eröffnung des Buffets war mein Opa, ein ehemaliger DDR-Oberst, in seinem Element. Seine Tischrede dauerte eine Ewigkeit und erinnerte stark an historische Tonaufnahmen von Parteitagen des ZK der SED. Es folgte begeisterter Beifall vom iranischen Block, dann wurde tonnenweise Kaviar und Reis aufgetischt. Ältere Damen in persischen Ballroben saßen neben Transvestiten in abgehalfterten Show-Girl-Outfits, denn auch meine Kollegen aus dem Nachtleben waren vollständig vertreten.

Zu gern hätte ich ein Foto präsentiert, doch leider waren die Fotografen zu betrunken, um brauchbare Bilder zu schießen – lediglich zwei Bilder gibt es vom Fest: eines von der Hochzeitstorte, unscharf und aus der Froschperspektive aufgenommen, das andere mit meiner Schwiegermutter, wie sie mit einer Hand die Backen ihres Sohnes zusammendrückt, sodass er unfreiwillig einen Fischmund in die Kamera macht. Jedenfalls erklommen im Laufe des Abends immer mehr Gäste die Bühne und tanzten persischen Flamenco oder Zimbeltanz. Der Sekt war dann um drei Uhr alle und der Bräutigam verschwand, um Nachschub zu organisieren. Als er im Morgengrauen mit Getränkekartons auf einem Löschwagen der örtlichen Feuerwehr eintraf, war die Party so gut wie zu Ende – die Ehe dann ein paar Jahre später auch. Letzteres kann man tragisch finden, man kann es aber auch halten, wie mein Ex-Mann und ich es tun: wir sagen, die Party war es wert.

Berliner Tresengespräche
Sauberkeit: *gepflegt, dekorative Rauchschleier*
Personal: *alteingesessen*
Atmosphäre: *gemütlich*
Besonderes Kennzeichen: *Ei*

Letztens stand ich an einer Bar in Mitte. Ich sprach ausschließlich mit freundlichen und gut gekleideten Leuten, die Cocktails waren exzellent – es fühlte sich nur überhaupt nicht nach Berlin an. Ich versuchte mich zu erinnern, wann sich Tresengespräche in Berlin besonders nach Berlin anfühlten, und weil es mir nicht einfallen wollte, startete ich eine Umfrage auf Facebook. Marcus R. schrieb: »Mein Klassiker sind die beiden Suffis um die 50 im Metzer Eck. Nach 30 Minuten Schweigen und Herrengedeck-Kippen, lehnte sich der eine zum anderen, tippte mit dem Finger auf den Tresen und sagte: Also wenn's zum Kriege kommt, WENN'S zum Kriege kommt, ich versteck dich!«

Ich mochte Marcus' Geschichte, sie erinnerte mich an Moabit. Wir standen da mal in einer Kneipe bei halben Litern Bier, im Hintergrund liefen Dire Straits, und es gab

Erdnussflips in Schälchen. Der Barmann sagte: »Das alte Gerichtsgebäude drüben steht leer.« Aha, dachte ich, jetzt geht's los. Leute werden kommen, um Partys und Streetart-Ausstellungen zu veranstalten, Studentenzuzug, Galerieeröffnungen, Bubble-Tea-Shops, gefolgt von Start-up-Unternehmern in Survival-Outdoor-Jacken.

»Nee, nee. Das dauert hier noch. Erst mal ist Neukölln-Süd dran«, meinte einer, der hauptberuflich Partys in kaputten Industrieanlagen ausrichtet und offensichtlich Gedanken lesen konnte. Als der dann sein Bier hob und »Prost« wünschte, betrat eine Frau mit Tasche das Etablissement. Ihre Tasche war wirklich riesig.

Es saß sich gut da am Tresen in Moabit. Wir dachten uns TV-Formate aus wie die Heavy-Metal-Garten-Show – rasant geschnitten, maximale Lichteffekte, Rockstar-Frisuren, Gartentipps. Der Barmann fand's gut. Ich beobachtete die Frau, die sich an einen Tisch gesetzt hatte und dabei war, umständlich etwas aus ihrer Tasche zu heben. Ich staunte nicht schlecht, als sie ein sehr großes Ei freilegte, eine Art Dinosaurierei. Nach und nach kamen Gäste an ihren Tisch, sprachen ein paar Worte und nahmen das Ei in den Arm – ein absurdes Bild. Ich schaute mich um, aber es gab nichts, was auf eine dieser *Versteckte Kamera*-Shows hindeuten könnte. Als die Frau an den Tresen kam, um einen Wein zu ordern, sprach ich sie an. »Ich kümmere mich seit letzten Oktober um das Ei«, erklärte sie mir: »Im ersten Monat war es noch etwas kompliziert. Da brauchte es dringend eine konstante Temperatur, 24 Grad. Neben dem Ei hab' ich deshalb immer noch eine Wärmflasche durch die Stadt transportiert. Inzwischen genügt ihm soziale Wärme und bei kurzen Gängen, zum Beispiel in den Supermarkt, nehme ich es ohnehin nicht mehr mit«, erzählte sie weiter. Obwohl ich mir Mühe gab, eine gute Zuhörerin zu sein, konnte ich den tieferen Sinn der Aktion nicht begreifen. Ich war dann schon überrascht, als ich feststellte, dass dieses Ei über einen eigenen Twitteraccount verfügt. Inzwischen kommunizieren wir regelmäßig. Die Betreuerin wirkte an dem Abend jedenfalls klar und fröhlich, und als sie erzählte, sie hätte eine enge persönliche Bindung zum Ei aufgebaut, da nahm ich es dann auch mal in den Arm. Es hatte schon ein paar Risse in der Schale, fühlte sich aber gut an: warm, liebenswert und ein bisschen kaputt – so ähnlich wie ein Tresengespräch nachts in Moabit.

In der Westdisco – mein erstes Mal
Einrichtung: *klassische Achtziger-Jahre-Disco*
Publikum: *Gothics, EBM-Fans, Selbstdarsteller*
Atmosphäre: *kunstlederig*
Besonderes Kennzeichen: *DJ sitzt im Glashäuschen*

Schneeregen am Bahnhof Zoo, laufe die Budapester runter, betrete mit nasser Kylie-Minogue-Frisur (»Locomotion«) und verschmiertem Kajal das Linientreu. Es ist eine dieser stinknormalen Achtziger-Jahre-Wessi-Discotheken mit einem fest angestellten DJ im Glashäuschen, großer runder Tanzfläche und Sitzgelegenheiten aus billigem Kunstleder wie in einer Arena ringsum angeordnet. Blaue und grüne Laserstrahlen kreisen über meinem Kopf und die Bässe sind so, dass ich sie durch meine Schuhsohlen spüre. Es ist 1989, und ich befinde mich zum ersten Mal in einer Westberliner Disco. Der Abend ist eine Offenbarung, auch wegen der Musik – nie zuvor habe ich so was gehört. Viervierteltakt, metallischer Sound, übellauniger Sprechgesang: EBM! Die Leute auf der Tanzfläche tragen Max-Headroom-artige Brotkastenfrisuren und bewegen sich wie kaputte Roboter, stampfen jeweils vier Schritte vor und wieder zurück. Die Sache beeindruckt mich nachhaltig, und ich denke noch, Electronic Body Music und Brotkastenfrisuren, das ist also der Westen! Bis zu diesem Zeitpunkt war ich vor allem in Jugendclubs und Mehrzweckgaststätten der DDR unterwegs, hing regelmäßig mit einer Gruppe Gothics Futschi saufend im Otto Nagel in Potsdam ab. Hier lief stets dasselbe Funk- und Black-Musik-Programm, dessen Highlights »Joanna« oder »Get Down« bildeten – wir hassten den DJ. Die Lichtanlage bestand aus einem Schalter für die Deckenbeleuchtung und der Sound war so leise, dass man beim Tanzen seine Schritte hören konnte – ich möchte mich auch gar nicht weiter beschweren, aber so konnte dieser nach rein kommerziellen Kriterien ausgerichtete Westberliner Tanztempel natürlich nur gewinnen. Wie üblich in Großraumdiscotheken wechselt hier der Musikstil stündlich, und gerade hat die Housemusic-Runde begonnen. Bei den ersten Takten von KLF weichen die Brotkastenköpfe Menschen mit knallbunten T-Shirts, häufig mit *Raumschiff-Enterprise*-Symbol auf der Brust. Sie reißen ihre Arme in die Höhe, um winkend gute Laune zu verbreiten – auf mich wirkt das ziemlich unsouverän, und ich freunde mich lieber mit einer Gruppe Schwarzkittel an, die auf den hinteren Plätzen abhängen. Sie tragen Irokesen- oder Turmfrisuren und trinken Pfefferminzlikör, den jemand unter seinem Dracula-Umhang eingeschmuggelt hat, dazu werden Koffeintabletten geschmissen. Zufällig verknalle ich mich in einen Robert-Smith-Fan mit puterrot gefärbtem Haar, den sie wegen seines merkwürdigen Tanzstils nur »den Dirigenten« nennen. Insgesamt fand ich meinen ersten Abend in der Westdisco dermaßen genial, dass ich am liebsten gleich eingezogen wäre – ich habe dann aber erst mal einen Aushilfsjob am Tresen angenommen.

Ich bin als Baby gegangen (Bine auch)

Übrigens dieser Pas von dem die Rede ist siet so aus!

Und da ganz hinten kommen die stempel hin damit man an der Ferientombola teilnemen kan.

Man kan ein gewinnen!

Analog

In den Genen scheint mehr festgelegt zu sein, als ich bisher glaubte – berufliche Vorlieben beispielsweise. Während ich meine Kindertagebücher durchblätterte, fand ich zwischen Bravo-Schnipseln und aufgeregten Liebesbekundungen haufenweise Berichterstattungen einer altklugen und zuweilen schwer zu beeindruckenden Partyreporterin. Offenbar ist das Musikangebot der DDR-Faschingsfeiern und Schuldiscos stets unter meinem Niveau gewesen. Mein Urteil lautete in 98 Prozent aller Fälle: blöd.

Damals wie heute ging es im Partygeschäft um die Stimmung im Allgemeinen und Jungs im Besonderen. Letztere hatten es schwer, und ich kann nur spekulieren, woher dieser Wille zur gnadenlosen Verurteilung jener teilweise doch recht freundlichen Zwölfjährigen kam. Nur wenige wurden meinen überzogenen Erwartungen gerecht, und fiel doch jemand einmal positiv auf, war dies für mich ein Anlass, emotional komplett durchzudrehen. Dann wurden die Handflächen feucht und statt Schmetterlingen hatte ich gleich eine Schar Flugenten im Bauch.

Unter diesen Voraussetzungen fielen die ersten Erfahrungen eher durchwachsen aus. Zudem standen dem Wunsch nach ausgelassenem Partyspaß zahlreiche Hindernisse im Weg, allen voran die Ausweiskontrolle am Einlass der Clubhäuser.

Immerhin gab es in den Jahren ’82 und ’83 für die Sommerferien den Potsdamer Ferienpass. Dieser verschaffte einem freien Eintritt in die Welt des sozialistischen Amüsements. In dieser Zeit lief es vor dem Jugendclub Otto Nagel, kurz ONC genannt, nicht anders ab als heute vor dem Berghain oder Watergate: Die Leute warten stundenlang in den Schlangen, und am Einlass kommt es mitunter zu beschämenden Diskussionen, nur um an einen Stempel zu gelangen. Ich kann mich erinnern, dass mal jemand, nachdem er über eine Stunde vorm Bunker gewartet hatte, darum bat, dass man ihm den Stempel auf die Stirn drückte. Noch Stunden später sah man den jungen Mann freudestrahlend mit dem Aufdruck *bezahlt* durch den Club tänzeln. Als Zwölfjährige war ich vor allem an Stempeln für meinen Ferienpass interessiert. Schließlich konnte man, sobald die letzte Seite voll war, an einer Tombola teilnehmen, bei der es ein Fahrrad zu gewinnen gab.

Die Ferienpass-Stempel konnten nicht nur in Clubs gesammelt werden und eines der Highlights mit Stempeloption stand schon für zehn Uhr morgens auf dem Programm: »Lokomotivschlosser Roland Neumann spricht in der wissenschaftlichen Allgemeinbibliothek«. Etwas später konnte bei »Geknüpft und Verknotet« die anspruchsvolle Kunst des Makramee erlernt werden, oder man bekam im Armee-Museum bei »Von der Armbrust zur Kalaschnikow« erläutert, wie man NVA-Waffen fachgerecht zusammensetzt und wieder auseinandernimmt.

So richtig begeistert hat mich das Angebot allerdings nie, und mit Kreuzen versehen wurden vor allem die späten Termine im Ferienpass, also jene ab fünfzehn Uhr mit Discjockey wie im Pionierhaus bei »Wünsche am laufenden Band« oder »Fasching im Kulturhaus Herbert Ritter«. Leider war der Zutritt oft erst ab vierzehn Jahren gestattet und der Ärger damit vorprogrammiert.

14.00 bis 16.00 Uhr Station Junger Techniker
Vortrag **„Die Geschichte der Panzerwaffe"**
(Siehe 15. Februar)

14.00 Uhr Jugendklubhaus „Lindenpark"
115 – Ein Unfall ist geschehen!
Veranstaltung in Zusammenarbeit mit der „Schnellen Medizinischen Hilfe"
(4. bis 7. Klassen)

14.00 Uhr Pionierhaus
„Geknüpft und verknotet"
Makramee – wir erlernen die Grundkenntnisse der interessanten Knüpftechnik.
(6. bis 10. Klassen)
Anmeldungen bis 22. 2. 1983, 12.00 Uhr, erforderlich.

Mittwoch, 23. Februar 1983

10.00 Uhr Armeemuseum
„Von der Armbrust bis zur Kalaschnikow"
Waffen können auseinandergenommen werden.

10.00 Uhr Kulturhaus „Herbert Ritter"
Puppentheater

10.00 bis 12.00 Uhr Station Junger Techniker
Bastelstraße Elektronik
(Siehe 9. Februar)

14.00 Uhr Pionierhaus
Diskothek
„Wünsche am laufenden Band"
Musik bekannter und beliebter Gruppen nach Euren Wünschen.
(4. bis 8. Klassen)

15.00 Uhr Wissenschaftliche Allgemeinbibliothek
Liebe Ferienpaßbesitzer! Unter Euch sind bestimmt einige Schriftsteller. **Habt Ihr nicht einmal Lust und Mut, Eure Geschichte oder Geschichten vorzulesen?**
Die Wissenschaftliche Allgemeinbibliothek gibt Euch heute dazu die Möglichkeit. Wer also etwas Geschriebenes hat, kommt damit in die Bibliothek. (Fachleute werden Euch anhören.)
(4. bis 10. Klassen)

Donnerstag, 24. Februar 1983

9.30 Uhr Touristenstation
Touristischer Geländelauf
(Siehe 11. Februar)

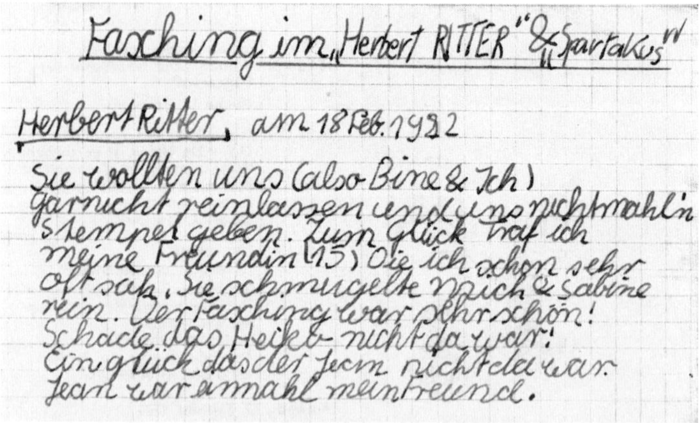
Fasching im „Herbert RITTER“ & „Spartakus“
Herbert Ritter, am 18 Feb. 1982
Sie wollten uns (also Bine & Ich) garnicht reinlassen und uns nichtmahl'n Stempel geben. Zum Glück traf ich meine Freundin (15) die ich schon sehr oft sah. Sie schmugelte mich & Sabine rein. Der Fasching war sehr schön! Schade das Heiko nicht da war! Ein glück das der Jean nicht da war. Jean war emahl mein Freund.

Jan H. (siehe Kapitel Verknallt und verschallert) nicht zu begegnen, war damals ein echter Grund zur Freude. Es ersparte mir unbequeme Fragen nach dem dressierten Affen, der jahrelang versteckt auf dem Dachboden über unserer Wohnung gehaust hatte – zumindest hatte ich das lange Zeit behauptet. Unter Erstklässlern auf dem Nachhauseweg war das noch die Top-Story. Inzwischen allerdings war mir das Affenmärchen nur noch peinlich, und ich wusste nicht, wie ich aus der Nummer jemals wieder rauskommen sollte. Immer, wenn ich Jan traf, fragte er nach dem verdammten Affen! Dabei interessierte ich mich inzwischen viel mehr für Partys und ältere nur an bestimmten Stellen behaarte Jungs wie Heiko B.

Heiko B. ging auf meine Schule und war in der Klasse über mir. Zum ersten Kontakt mit dem attraktiven Blonden kam es während der Eröffnungsfeier unserer neuen, noch nach Farbe und feuchtem Beton riechenden Turnhalle. Er saß auf einer schmalen Holzbank, griff wortlos nach meiner Hand und zog mich frech auf seinen Schoß.

Vor den umstehenden Klassenkameradinnen gab ich mich empört, mochte ihn insgeheim aber sofort. Jedes Mal, wenn ich ihn in der großen Pause auf dem Schulhof sah, war ich extrem aufgeregt. Außerhalb der Schule traf ich Heiko B. leider nur selten. Ich vermutete, er sei nicht so der Partytyp und eher beim Kalaschnikow-Kurs im Armee-Museum anzutreffen.

Im Block gegenüber von Heiko B. wohnte die schon fünfzehnjährige Diana, die mich gelegentlich auf Partys einschleuste. Sie war meine erste offizielle Discobekanntschaft. Ich lernte sie auf der Tanzfläche bei der Schülerdisco im Spartacus kennen. Der dralle Discjockey mit der Minipli-Frisur moderierte gerade »Ladys Night« von Cool And The Gang an. Ich fand das Stück ziemlich öde, aber Diana fiel mir positiv auf. Sie bewegte sich beeindruckend auf der Tanzfläche, irgendwie unaufgeregt und erwachsen. Sie kannte den DJ und alle Türsteher, so erlangte sie sofort Heldenstatus bei mir. Ich kann mich nicht mehr erinnern, wie wir ins Gespräch kamen, aber ich weiß noch, wie ihr beim Reden der zu lange schwarze Pony auf sexy Art ins Gesicht fiel. In meiner Erinnerung hatte sie eine fantastische Figur und nach Marion die wahrscheinlich größten Brüste in Potsdam. Sie wirkte ziemlich frühreif, und ich vermutete, dass sie schon verschiedene Jungs mit Zunge geküsst hatte. Zweimal spendierte ich ihr eine Club-Cola, und sooft es ging, hielt ich mich in ihrer Nähe auf, in der Hoffnung, dass etwas von ihrer Aura der Erfahrenheit auch auf mich abfärben würde. Doch Diana hing lieber mit einer Gruppe Sechzehnjähriger ab, und ich musste mich notgedrungen mit meiner alten Kindergartenbekanntschaft zufriedengeben.

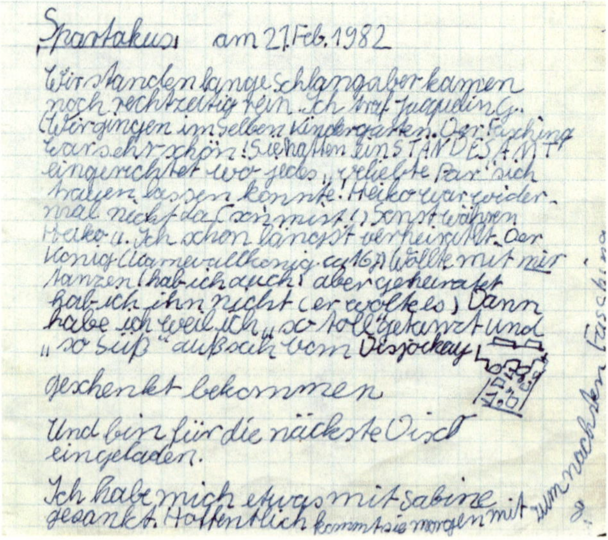

Spartakus: am 27.Feb.1982
Wir standen lange Schlang aber kamen noch rechtzeitig rein. Ich traf Jacqueline G. Wir gingen im selben Kindergarten. Der Fasching war sehr schön! Sie hatten ein STANDESAMT eingerichtet wo jedes „verliebte Paar" sich trauen lassen konnte! Heiko war wieder mal nicht da (so'n mist!) Sonst währen Heiko u. Ich schon längst verheiratet. Der König (Karnevalkönig ca 16 J) wollte mit mir tanzen (hab ich auch! aber geheiratet hab ich ihn nicht (er wollte es) Dann habe ich weil ich „so toll" getanzt und „so süß" außah vom Disjockey geschenkt bekommen
Und bin für die nächste Disco eingeladen.
Ich habe mich etwas mit Sabine gezankt. Hoffentlich kommt sie morgen mit zum nächsten Fasching.

Wir standen lange Schlange, aber kamen noch rechtzeitig rein. Ich traf Jacqueline G. Wir gingen mal in denselben Kindergarten. Der Fasching war sehr schön! Sie hatten ein Standesamt eingerichtet, wo jedes verliebte Paar sich trauen lassen konnte! Heiko war wieder mal nicht da (so'n Mist!). Sonst wären Heiko und ich schon längst verheiratet. Der König (Karnevalskönig, zirca 16 Jahre alt) wollte mit mir tanzen – hab ich auch. Aber geheiratet habe ich ihn nicht. Er wollte es. Dann habe ich, weil ich so toll getanzt habe und so süß aussah, vom Discjockey eine 3D-Dia-Brille geschenkt bekommen und bin für die nächste Disco eingeladen.

Wenn mich das nächste Mal jemand fragt, wie man auf die Idee kommt, hauptberuflich im Nachtleben unterwegs zu sein, zeige ich am besten diesen Tagebucheintrag vor. Erst kam ich als Zwölfjährige ohne Diskussion an der Ausweiskontrolle vorbei und werde dann auch noch von einem Sechzehnjährigen zum Tanz aufgefordert. Und wir sprechen hier nicht von irgendeinem Sechzehnjährigen: Er war der verdammte Karnevalskönig! Dass er stark alkoholisiert war und mit seiner schlecht sitzenden Pumphose und der falschen Edelsteinkrone offenbar jede Zweite im Club anquatschte, darüber sah ich großzügig hinweg. Und es war ja auch nicht die schlechteste Vorbereitung auf das, was da bei den späteren Nachtlebenreporterjobs noch kommen, beziehungsweise in Clubs auf mich zuwanken würde. Vermutlich war es auch nicht ganz bedeutungslos, dass sich diese fundamentale Erfolgsstory auf einem Faschingsevent abspielte.

Meine einstige Kostümneurose – lange Zeit wollte ich nur als Prinzessin ausgehen – hatte ich nach einer Weile überwunden, und ich begann mit unterschiedlichen Verkleidungen Erfolgserlebnisse zu sammeln, wie beispielsweise in einem pubertär-humorigen Kleinkind-Outfit mit rosa Wollmütze und Schnuller. Ich nehme an, dass der am Ende der Party überreichte Gewinn der grauen Diabrille, inklusive 3D-Bildmaterial von »Traktoren aus der DDR«, direkt in meinen beruflichen Werdegang gespielt hat. So motiviert, beschloss ich nämlich, für den Rest meines Lebens auf Tanzflächen in Berlin und Umland tausend Prozent zu geben. Dabei weiß ich bis heute nicht mal, ob mir der Gewinn einst aus Mitleid oder echter Anerkennung zugesprochen wurde. Für mich war die Diabrille eine Sensation und ein Beleg dafür, wie effektiv eine Verkleidung sein kann, meinem bis heute anhaltenden Faible für wechselnde Perücken wurde so schon früh der Weg geebnet.

Doch der nächste Rückschlag ließ nicht lange auf sich warten. Als ich endlich den angeschmachteten Heiko B. wiedertraf, interessierte der sich nur noch für die mir bis dahin völlig unbekannte Kordula. Das traf mich umso härter, weil sich inzwischen wilde Gerüchte um ihn rankten. Als wir nach der Schule bei Silke L. auf dem Sofa saßen und versuchten, das Verhalten von interessanten älteren Jungen wie Heiko B. und einigen seiner Klassenkameraden zu analysieren, kamen wir zu dem Schluss, dass er Anführer einer gewaltbereiten Jugendbande sein müsse. Wir stellten ihn uns als Frontmann einer Gruppe Jungs vor, die in Westjeans und mit wehendem Haar um die Neubaublöcke zogen und sich nahmen, worauf sie Lust hatten: Unterrichtsfrei, Zigaretten und Mädchen. Heiko war wohl so etwas wie mein erstes Sexsymbol – Boy George jetzt mal nicht mitgerechnet. In dieser Clique vermuteten wir auch einen Jungen namens Heiko H., ein Namensvetter und Klassenkamerad von Heiko B. Wir hingen in letzter Zeit öfter mit ihm ab. Wir hofften so, Insiderinformationen aus dem Alltag der »Jeans-Bande« zu bekommen, von der ich im Tagebuch nur als Bx-Bande zu schreiben wagte.

Sabine hatte mich abgeholt. Danach kam Heiko H. und wollte uns zum Spielen abholen. Als wir ihm sagten, wohin wir wollen, wollte er auch mit. Wir gingen zusammen zur Haltestelle und Heiko H. fuhr vor, um sich zu verkleiden. Als wir dort waren und gerade so schön tanzten, sahen wir, dass die Bx-Bande da war. Ach so, Heiko H. wollte nachkommen. Ich sah, dass Heiko B. mit einem Mädchen, das mir fremd war, tanzte. Später erfuhr ich, dass sie Kordula heißt und blöd ist. Keinen Tanz ließ er aus. Nicht einen davon wollte er mir gelten lassen. Ich war erstaunt und zugleich geschockt. Es hätte Spaß gemacht, wenn er nicht krampfhaft versucht hätte, mich eifersüchtig zu machen (glaub ich jedenfalls), was er ja auch geschafft hatte. Als Schluss war, sie hatten einfach eine halbe Stunde früher aufgehört, rannte die ganze Bx-Bande dieser Kordula nach, genauso, wie sie mir damals nachgelaufen sind. Weil Heiko H. nicht gekommen war, sind wir zu ihm gegangen, um zu sehen, was los war. Er sagte uns, dass er nicht durfte. Er sagte auch, dass Heiko B. einen guten Charakter hätte, aber immer nur, wenn er allein ist. Er denkt wahrscheinlich, wenn er sagt, was er denkt, würde man ihn auslachen. Er sagte unter anderem, dass es gar keine Bx-Bande gibt. Er sagte: »Wir sind nur Freunde.«

Es existierte also weder eine Jeans-Bande, noch besaß ich einen Exklusivstatus bei Heiko B. Ich war nur eine unter Vielen in einem Wohnviertel ohne Attraktionen! Das tat weh. Doch in diesem Stadium war es weniger eine Sache des Herzens als eine des Egos, und dieses konnte man mit einer ordentlichen Verkleidung schnell wieder auf Vordermann bringen. So fand man mich schon eine Woche später in neuer Verkleidung, ladylike mit dem zu großen Siebziger-Jahre-Schlapphut meiner Mutter auf der nächsten Party in Begleitung einer Gruppe älterer Mädchen. Ziel war es, nach dem Kinderfasching auch beim anschließenden Jugendfasching mitzufeiern und vielleicht zwischendurch noch in der Milchbar gemeinsam ein Eis zu essen. Doch wieder sollte es anders kommen.

Am 10. Februar war Fasching. Thomas S. hatte mich öfter zum Tanzen aufgefordert, aber nur, damit Diana mit Heiko B. tanzen sollte. Es war ganz gut. Wir sind dann, so wie wir waren, losgegangen um Eis zu essen. Aber es war geschlossen. Dann sind wir zu einer Telefonzelle gegangen – Heiko H., Heiko B. immer dicht auf den Fersen. Ich habe Frau Töpfer aus unserem Haus angerufen. Sie sollte meiner Mutter Bescheid sagen, dass ich spätestens um 21 Uhr zurückkomme, denn wir wollten uns ja noch heimlich beim Jugendfasching reinschmug-

geln. Aber es gelang uns nicht. Dann haben wir uns dort in der Garderobe umgezogen, haben aus Wut die Garderobenmarken geklaut und sind nach Hause gefahren.

Verschollene – nicht geklaute! – Garderobenmarken finde ich gelegentlich auch heute noch nach meinen Clubrecherchen in den Taschen. Meistens aber verliere ich etwas, darunter ungezählte Haustürschlüssel, Handys oder die Geduld mit einer schlechten Party. Ich habe auch mal einen BH während eines, sagen wir, erotischen Handgemenges verloren. Einmal auch den Ersatzschlüssel, nachdem am Vorabend schon der Haustürschlüssel in der Bar 25 verschwand. Die Wohnung musste vom Schlüsseldienst aufgebrochen werden, der BH hingegen wurde an der Bar des Kinzo (heute What-Club) von einem ehrlichen Finder abgegeben. In meiner Küche gibt es, wie wohl in den meisten

Berliner Partyhaushalten, ein ganzes Regal mit Cocktailgläsern aus Berliner Clubs. Sie sammelten sich nach grauen Morgenenden an, als ich angedödelt und mit halbvollem Glas einen Club verließ, in ein Taxi stieg und mit verdrießlicher Miene entschwand. Soweit ich mich erinnere, trank ich auf besagter Faschingsparty in der DDR nicht einmal Cola, und die gestohlenen Garderobenchips am Abend waren nur ein schwacher Trost für die Enttäuschung, nicht beim Jugendfasching dabei gewesen zu sein. Das Leben ist unfair, dachte ich, während ich mit zu großem Schlapphut vor dem Spiegel meiner weißen Kommode saß. Meine Mutter war noch immer nicht von der Arbeit zurück und nachdenklich wischte ich mir mit einem Taschentuch den roten Lippenstift vom Mund. Ich fragte mich, wann endlich die guten Zeiten anbrechen würden. Die Zeiten ohne Polytechnische Oberschule, wenn ich als werktätige Frau, die mit ihren Brüsten ganze BHs ausfüllt, in jede Disco hereingelassen würde, ohne dass einer den Ausweis verlangt. Hätte mir zu diesem Zeitpunkt jemand gesagt, wie viele unsagbar schlechte Partys noch vor mir lägen, hätte ich die Berufung zur Nachtlebenreporterin wohl für immer begraben. Vielleicht hätte ich ein paar Jahre später die Ausbildung im VEB »Geräte und Regler Werk Teltow« zur Sekretärin mit etwas mehr Elan verfolgt, mich nicht nach zwei Wochen krankgemeldet. Dann wäre ich heute in der Lage, sämtliche Texte in Stenografiekürzeln zu formulieren, und ich würde in die Geschichte eingehen mit dem letzten in Steno verfassten Sachbuch weltweit! Leider war der Wunsch nach Party mächtiger und inzwischen so groß, dass er auch mäßig spannende Feste unbeschadet überstand.

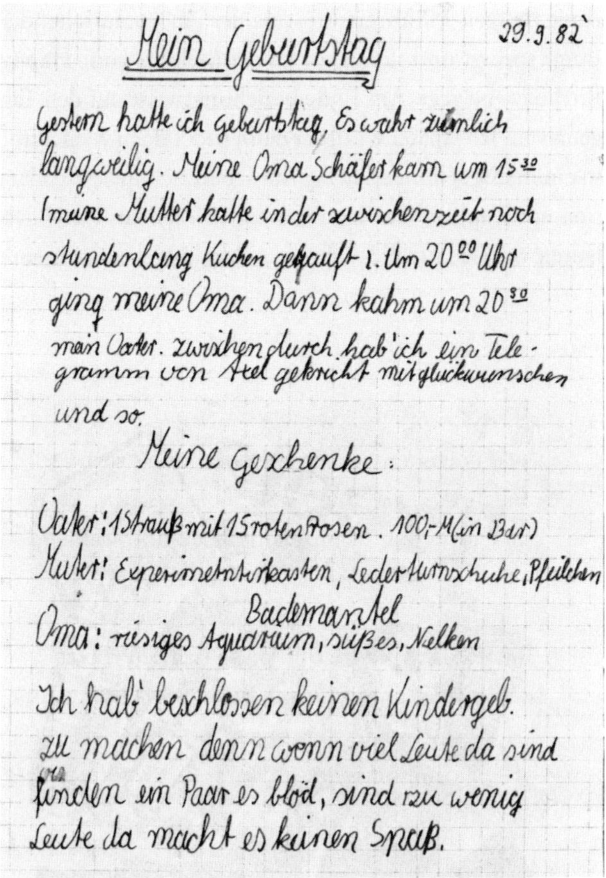

Natürlich hielt ich an diesem Beschluss nicht sehr lange fest. Ich konnte mir ja nicht die Geschenke entgehen lassen, und die Rechnung war simpel: mehr Gäste, mehr Geschenke. Zudem siegte jedes Jahr aufs Neue die Hoffnung, dass es doch einmal wenigstens genial werden könnte. So ein Geburtstag wie im Film: ganz ohne Schule, mit exzentrisch gekleideten Gästen, dutzenden Luftballons und einer riesigen Himbeertorte, aus der ein gutaussehender Junge springt und sich lasziv zu der Melodie von »Happy Birthday« bewegt. Am Ende beziehungsweise auf den Tag genau ein Jahr später wurde es dann leider doch wieder nur so ein mäßig spannender Tag mit Überraschungsgast Martina aus Töplitz. Der Kommentar in meinem Tagebuch lautete nur: »Hätte die nicht woanders hingehen können?«

Ich würde mich nicht als materiellen Menschen bezeichnen, aber Geschenke sind einfach mein Ding. Als Nachtlebenreporterin besuchte ich eine Zeitlang auch extrem lahme Events wie Shoperöffnungen mit schlechtem Housemusic-DJ, nur weil ich wusste, es gibt am Ende ein Goody-Bag.

Nachdem ich ein Dutzend Schlüsselanhänger, Kugelschreiber, Parfüms, Antifaltencremes und Kunstlederhandtaschen abgestaubt hatte, war mein Goody-Bag-Bedarf dann erst mal gedeckt. Das gesteigerte Interesse an Geschenkpaketen aller Art wurde bei mir schon früh, im Alter von elf Jahren, geweckt und ich weiß noch ziemlich genau, wie es dazu kam.

Es war 1982, Vorweihnachtszeit, die Zeit des Frierens, der durchnässten Socken und des allgemeinen Unmuts. Noch im Dunkeln wanderte ich morgens vorbei an immer gleichen Betonhäusern zur POS 47. In der Schule wurde ich dann im neonbeleuchteten Klassenzimmer von Frau G. wegen meiner Plastiktüte blöd angemacht. Auf der Tüte war in Knallfarben das Logo eines kapitalistischen Konsumherstellers abgedruckt. Ich musste mein Sportzeug umpacken und die Tüte wurde konfisziert. Ich hatte Glück, nicht noch bei der Direktorin vorsprechen zu müssen. Währenddessen waren bei uns zu Hause zwei Typen von der Staatssicherheit, und ehe ich begriff was eigentlich los war, waren Direktor und Lehrerschaft meiner Schule bereits darüber informiert. Die Ausreise meines Vaters nach Westberlin war bewilligt worden. Sie nahmen mich an der Schule ins Visier. Ich kannte das schon von einem Jungen aus der Parallelklasse. Er stand meist allein auf dem Schulhof herum. Seine Eltern waren angeblich beide geflüchtet, und in der Schule wurde er wie ein Aussätziger behandelt. Meine Eltern lebten jedoch seit Jahren geschieden. Das war wohl der Grund, warum sich die Schikanen in Grenzen hielten. Ich trug eine Weile diesen unsichtbaren Stempel »Kind des Republikfeindes«, ein paar Lehrer beachteten ihn, meine Klassenkameraden zum Glück nicht. Die heikle Angelegenheit hatte aber auch ihre gute Seite, denn ab sofort zählte ich zum Kreis der Auserwählten, die in den Genuss dicker Westpakete kamen. Schon der hellblaue Paketschein im Briefkasten löste blanke Euphorie aus. Und wenn ich heute genervt an den Regalen im Supermarkt vorbeilaufe, würde ich gerne ein einziges Mal noch diese uneingeschränkte Begeisterung empfinden, die damals eine Tüte Treets-Schokonüsse oder eine bescheuerte Fa-Seife bei mir auslöste.

Wir (Mami und ich) warteten schon voller Ungeduld auf das Geburtstagspaket. Es kam sonst immer schon ein paar Tage zu früh, nur diesmal nicht. Wir machten uns schon Sorgen, dass Frau Kunze, die ja nun schon um die achtzig ist, gestorben war. Doch der Gegenbeweis, nämlich ihr Brief, hat uns wieder Ruhe geschaffen.

Und nun zur wirklichen Freude, dem Paket, das nach kurzem Zögern wohl doch ans Ziel gelangte.

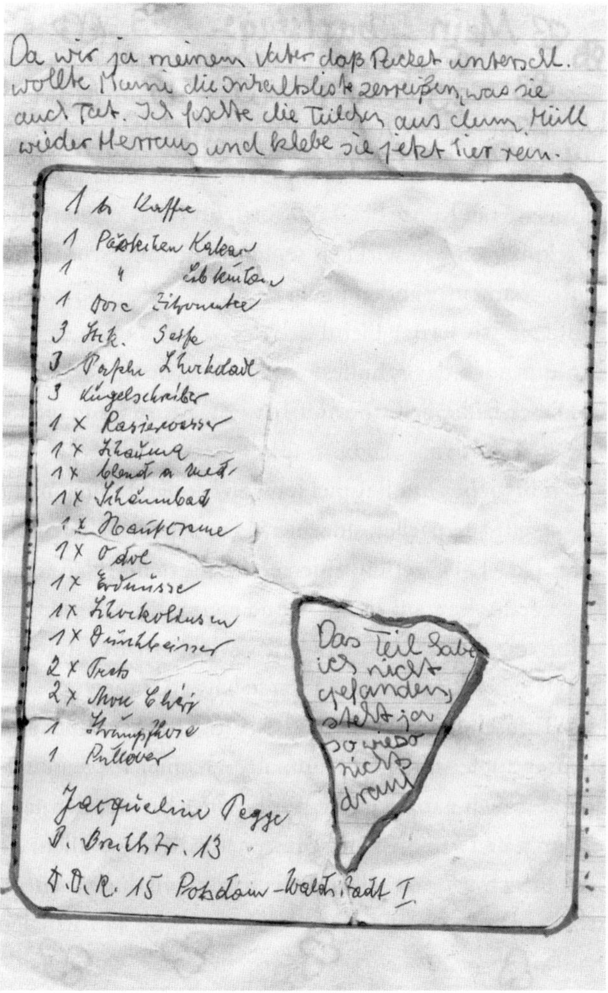
Da wir ja meinem Vater daß Packet unterschl.
wollte Mami die Inhaltsliste zerreißen, was sie
auch Tat. Ich fischte die Teilchen aus dem Müll
wieder Herraus und klebe sie jetzt hier rein.

1 kg Kaffee
1 Päckchen Kakao
1 " Lebkuchen
1 Dose Zitronentee
3 Stk. Seife
3 Päckch. Schokolade
3 Kugelschreiber
1 × Rasierwasser
1 × Schauma
1 × blend a med
1 × Schaumbad
1 × Handcreme
1 × Odol
1 × Erdnüsse
1 × Schokolinsen
1 × Durchbeisser
2 × Treets
2 × Mon Chéri
1 Strumpfhose
1 Pullover

Jacqueline Pegge
B. Brechtstr. 13
D.D.R. 15 Potsdam-Waldstadt I

Das Teil habe
ich nicht
gefunden,
steht ja
sowieso
nichts
drauf

Auch wenn ich mich sehr bemühte, mit mehreren Tafeln Schokolade und süßen Nüssen zu haushalten – die fetten Tage waren gezählt. Ein Meister der Zurückhaltung war ich leider nie gewesen und so waren die Vorräte innerhalb zweier Tage verspeist. Der von der über achtzigjährigen Frau Kunze bei Woolworth für mich ausgewählte Strickpullover sah wirklich schlimm aus und wurde aus Untragbarkeitsgründen in ein An- und Verkauf-Geschäft gebracht. Als letzter Lichtblick des Winters blieb eigentlich nur noch das Schulfest vor Weihnachten.

Dieses frühe Selbstporträt beweist, heute ist manches besser geworden.

Ich brauche zum Beispiel meinen Modeschmuck nicht mehr selbst herstellen und hierfür mit einer Schere eine leere Deo-Dose zerschneiden. Ich langweile mich auch nur noch selten auf Partys – und wenn doch, werde ich dafür vom Magazin bezahlt. Inzwischen erhalte ich mehr Pakete, als ich es mir im Osten je hätte träumen lassen – mit Turnschuhen, High Heels, Perücken, Sachbüchern, Heuschnupfenspray und einmal auch einer Espressomaschine. Auch ganz grundlegende Wünsche, wie der nach einem reifen Äußeren und Brüsten, die BHs ausfüllen, erfüllten sich wie von selbst. Es scheint wohl doch mehr in den Genen zu liegen, als man sich mit zwölf so vorstellen kann.

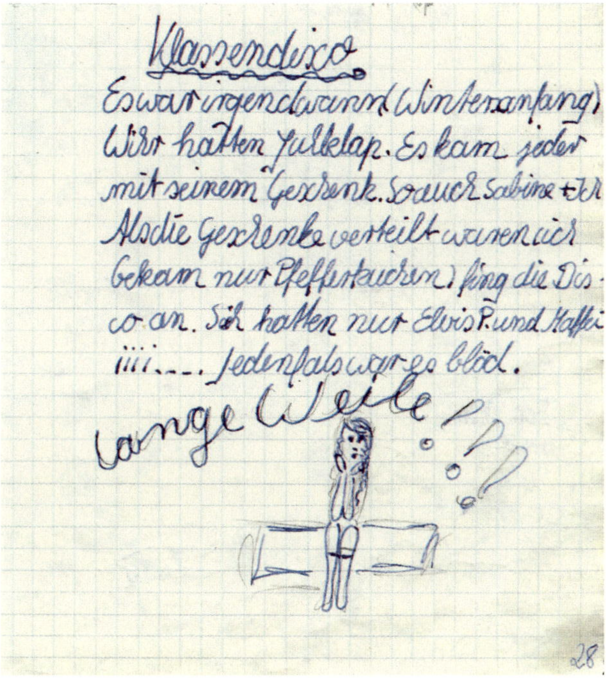
Klassendisco
Es war irgendwann (Winteranfang)
Wirr hatten Julklap. Es kam jeder
mit seinem Geschenk. So auch Sabine + Ich
Als die Geschenke verteilt waren (ich
bekam nur Pfefferkuchen) fing die Dis-
co an. Sie hatten nur Elvis P. und Haffi
iiii....., Jedenfals war es blöd.
Lange Weile ?!!
28

2

Harte Arbeit? Ohne mich!

Jobs zwischen Disco und Dispo

Als Donna Summer »She Works Hard For The Money« sang, kann sie dabei nicht an mich gedacht haben – zumindest nicht bis zu meinem 25. Lebensjahr.

Das liegt wohl daran, dass ich in der DDR aufwuchs, einem Land, in dem sich die Bewohner mehr für FKK-Aktivitäten und kollektives Rumgedödel interessierten, als für Aktienkurse oder durch harte Arbeit angehäuftes Geld. Dies konnte man hier ohnehin nur schwer verprassen, außer bei Restaurantbesuchen mit Gourmethöhepunkt Ragout Fin oder auf unkomfortablen Reisen ins Ausland (Polen, Bulgarien, Tschechoslowakei). Bei meinen kurzen Ausflügen in die sozialistische Arbeitswelt – mehrere abgebrochene Ausbildungen – traf ich nur wenige Menschen, die sich besonders ins Zeug legten. Mein Eindruck war, dass man die Jobs nach planwirtschaftlichen Vorgaben und äußerst relaxt anging. Ich fand das in Ordnung, zumal ich, zumindest in meiner Erinnerung, im Osten deutlich mehr Freizeit mit Bekannten verbrachte als in meiner späteren Wahlheimat, dem ja doch auch sehr reizvollen Kapitalismus. Inzwischen sage ich 90 Prozent aller Einladungen ab, weil ich noch Texte überarbeiten muss oder irgendeinen Job zu erledigen habe. Als Ostbürgerin hätte ich mich über solch unzumutbare Zustände vermutlich beschwert, heute bin ich schlicht dankbar, arbeiten zu dürfen. Denn Geld spielt eine entscheidende Rolle, vor allem, weil es gefühlt an jeder Ecke fehlt: für die Betriebskostenabrechnung, die Rentenvorsorge (welche Rentenvorsorge?), das Vintage-Kleid von Etsy, die Eier von glücklichen Hühnern, das Smartphone mit Retina Display, die neuen Turnschuhe, das Buch von Kaminer, den Lipgloss mit Boost-Effekt und die Liebesknochen von der Konditorei.

Angekommen im neuen System, wurden täglich weitere Wünsche laut, und bald schon setzte ein Umdenkprozess ein. Ich begann, mich nach Einnahmequellen umzusehen, natürlich auf Basis des altbewährten Prinzips: Viel Geld durch möglichst geringen Aufwand. Inzwischen weiß ich, dass diese Herangehensweise fatal war. Die Jobs, die ich mir persönlich als besonders bequem ausmalte (Schauspielerei, Schriftstellertum, usw.), stellten sich alsbald als arbeitsintensiv und wenig lukrativ heraus. Der einzige Beruf, der nach diesem Prinzip zu funktionieren schien, war der des international gebuchten Fotomodels. Aus unverständlichen Gründen jedoch waren 1,59 Meter große Blondinen aus der DDR in der Branche nur mäßig gefragt, und das Highlight meiner anvisierten Karriere stellte ein Auftrag für die Berliner Stadtreinigungsbetriebe (BSR) dar. Das Shooting fand vor einer Fotowand in einem Atelier am Hackeschen Markt statt. In einem Rotkäppchenkostüm posierte ich neben einem orangen Müllbehälter auf hochmotivierte und professionelle Art, wie der Fotograf mir mehrmals versicherte. Die Plakate mit mir und meinem Modelpartner, dem Mülleimer, wurden in der ganzen Stadt verklebt. Folgeaufträge blieben dennoch aus. Noch größer als die Sorge um den Kontostand war eigentlich nur der Wunsch nach Aufmerksamkeit und so folgten Einsätze als Kleindarstellerin, als Tänzerin in billigen Technovideoproduktionen, als Regional-TV- und Piratenradio-Moderatorin, auch als Filmleiche und schlussendlich die Erkenntnis, dass an Donna Summers Song mehr dran sein könnte, als mir recht war. Am Kontostand hatte sich nach mehreren Jahren so gut wie gar nichts getan, und doch gelang ein Teilerfolg. »Das ist doch die Alte aus dem Video!«, sagte mal einer im Club, mit Bierflasche in meine Richtung deutend, zu einem anderen.

Jackie Asadolahzadeh

Geboren am:	30. Mai 1893 in Bergen als Aud Egede Nissen
Titel:	Ehrendoktor der Berliner Partynation und der Miami Life Development Church
Letzter Cocktail:	Doctor Schiwago (Wodka, Cointreau, Ananassaft, Zitronensaft)
Letzter Track:	„Doctor Beat" von Gloria Estefan
Letzte Serie:	„Doctor House" Staffel 3 / Folge 13 „Krankhaft nett"
Letzte Meldung:	Doktortitel ist das neue Arschgeweih!
Letztes Zitat:	„Ihre Rollen tendierten zu verführerischen Frauen mit Negativtouch." (Wikipedia)
Letzter Film:	„Dr. Mabuse" (1922), Regie: Fritz Lang
Letzter Kontostand:	– 4290,00 Euro
Bankinformation:	Internationale Aktionswochen – Mit uns kennt Ihr Erfolg keine Grenzen! Die Sparkassen und ihr internationales Netzwerk

Digital

Casting in Adlershof

Kontostand: -240 Euro

Produktionsleiter: »Hallo Frau Asadolahzadeh, schön, dass Sie Zeit gefunden haben! Wenn Sie sich einmal auf die Markierung stellen würden, wir machen noch kurz den Weißabgleich, und dann bitte ich Sie, sich mit ein paar Worten vorzustellen.«

Jackie: »Hallo, mein Name ist Jackie Asad…«

Produktionsleiter: »Einen Moment noch, Jackie. Martin, kannst du noch einen Spot aufs Gesicht richten – die Schatten unterhalb der Augen … So, Jackie, nun kann's aber losgehen!«

Jackie: »Hallo und Guten Tag, mein Name ist Jackie Asadolahzadeh, ich bin 25 Jahre alt, Moderatorin, Journalistin und Schauspielerin …«

Produktionsleiter: »Danke, Jackie, wir würden Sie jetzt gerne im Profil aufnehmen. Würden Sie sich bitte zur Seite drehen und einfach Ihren Text wiederholen?«

Jackie: »Hallo, mein Name ist Jackie Asadolahzadeh und ich würde gerne Ihre Sendung moderieren, weil ich mich schon sehr lange für Kunst und Kultur interessiere.«

Produktionsleiter: »Jackie, wunderbar! Sie sagten, Sie

arbeiten als Kolumnistin für ein Kulturmagazin. Können Sie uns sagen, warum Sie Berlin als Kunst- und Kulturstandort so sehr interessiert?«

Jackie: »Nun, zuerst einmal lebe ich ja hier. Außerdem hat sich in Berlin eine junge, kreative Szene zusammengefunden, wie sie ihresgleichen …«

Produktionsleiter: »Augenblick, Jackie. Tom, was ist mit dem Ton? Jackie, würden Sie nochmal ein paar Worte sagen, wir haben Tonprobleme.«

Jackie: »Also Berlin als Kunst- und Kulturstandort ist einzigartig, weil …«

Produktionsleiter: »Danke Jackie, jetzt haben wir's.«

Jackie: »Soll ich noch mal von vorne beginnen?«

Produktionsleiter: »Jackie, das wäre nett! Wir geben Ihnen ein Zeichen.«

Stille.

Produktionsleiter: »Jackie, warum fangen Sie nicht an?«

Jackie: »Ich hatte auf ein Zeichen von Ihnen gewartet.«

Produktionsleiter: »Unser Kameramann Martin wird Ihnen das Zeichen geben.«

Jackie: »Das war jetzt ein Missverständnis. Gut. Dann achte ich nun auf Martin.«

Jackie: »Hallo, mein Name ist Jackie Asadolahzadeh. Ich würde gerne Ihr neues Format *Überlebenskunst* moderieren, weil ich seit meinem dreißigsten Lebensjahr vor der Kamera stehe, mit Leidenschaft meinen Beruf als Moderatorin ausübe und mir ein Leben ohne Kunst und Kultur gar nicht vorstellen kann.«

Produktionsleiter: »Sagten Sie nicht gerade, Sie sind 25 Jahre alt?«

Jackie: »Ach Gott … ähm … ja. Richtig.«

Produktionsleiter: »Das machen wir gleich noch mal, ansonsten sehr schön bis hierhin, Jackie!«

Jackie: »Hallo, mein Name ist Jackie Asadolahzadeh, gerne würde ich Ihr neues Format …«

Produktionsleiter: »Cut! Sie schwitzt. Maske! – bitte mal abpudern. Es muss ja auch optisch stimmen, nicht wahr, Jackie?«

Jackie: (Keine Antwort)

Es klopft, die Assistentin steckt den Kopf zur Tür rein: »Ariane wartet seit zwanzig Minuten, braucht ihr noch lange?«

Produktionsleiter: »Wir sind so gut wie fertig. Also Jackie, ich denke, wir haben genug Material. Der Martin schneidet das noch, und wir melden uns bei Ihnen, sobald wir mehr wissen. Danke noch mal, dass Sie den Weg nach Adlershof auf sich genommen haben.«

Piratenradio: Aktenzeichen Elektro Ungelöst

Konto: 0 Euro

Radio höre ich nie, aber das Angebot soll ja sehr gut sein in Berlin, findet zumindest der Besuch aus Bayern. So was wie Flux FM oder Radio Eins gäbe es dort unten nicht, auch kein Radio Leberwurst (Radio eines Berliner Eishockeyvereins) und schon gar keine Piratenstationen. Ich würde wohl mehr Radio hören, wenn ich ein Auto (mit Radio) hätte oder einfach mal daran denken würde, zu Hause das Gerät einzuschalten. Wenn ich's jedoch tue, bereue ich es meist, weil eine Crazy-Sowieso im mickeymäusischen

Tonfall Karten für R'n'B-Partys verlost oder Enrique Iglesias im »Tonight«-Remix eindringlich warnt: »Oh oh, you know, that tonight I'm loving you, oh oh, you know, that tonight I'm loving you, oh oh, you know, that« usw.

Jeder normale Mensch würde daraufhin einen anderen Sender suchen, mir jedoch ist das zu anstrengend, ich schalte sofort aus. Natürlich kommt man so nicht weit, es sei denn, man macht sein eigenes Radioprogramm, dann hört man es ja zwangsläufig.

Meine Zeit als Radiofrau war nur kurz. Im Club fragte mich ein merkwürdiger Typ, der entfernt an Mark Hollis (Talk Talk) erinnerte, ob ich Bock hätte, ein Sendekonzept zu schreiben. Er betrieb eine illegale Radiostation in einer Altbauwohnung am Senefelder Platz. Er war ein schräger Vogel, ich mochte ihn, und weil ich neugierig war, sagte ich zu. Gemeinsam mit meinem damaligen Freund, einem DJ, entwickelte ich daraufhin eine äußerst lahme und schwer umsetzbare Sendereihe in der Annahme, sie wäre genial. Bei *Aktenzeichen Elektro Ungelöst* wurden drei Stunden lang Titel und Künstler der elektronischen Musikbranche alphabetisch sortiert vorgestellt. Schon in der zweiten Sendung verstrickten wir uns in der bürokratischen Verwaltung. Vielleicht war das Format aber auch gar nicht so kompliziert, wie es uns schien – man neigt ja alkoholisiert schnell zu einem Gefühl des Überfordertseins, und nüchtern haben wir die Sendung eigentlich nie moderiert. Das hatte damit zu tun, dass sich im gleichen Haus auch ein Club befand. Es herrschte ein reger Austausch. Radio-DJs hingen an der Bar ab, und Clubgäste stolperten sonntagmittags ins Studio, um total dicht die Sendeleitung zu übernehmen. Überall im Raum lagen Kabel und leere Bierflaschen rum, und die Second-Hand-Couch war meist von dichtem Marihuananebel eingehüllt. Romantisch verklärt könnte man von einem Ort hippiesker Inspiration sprechen, man könnte aber auch sagen, es war ein Desaster. In unserer ersten Sendung jedenfalls war nur Techno und 8-Bit-Computerspielmusik zu hören, unterbrochen von undeutlichen Einwürfen aus der Ferne wie »Ey, jetzt warte doch mal« und besoffenen Lachsalven.

Die Sendung wurde in Piratenradiokreisen als Erfolg gewertet. Die Freude darüber währte jedoch nicht lange, da es bald schon privat im Sendeteam kriselte. Zwischen mir und meinem Freund und Mitmoderator kam es verstärkt zu Diskussionen und lautstarken Meinungsverschiedenheiten, die ab der dritten Sendung unglücklicherweise auch live mitverfolgt werden konnten. Nach dem Buchstaben D (Daft Punk, DAF, usw.) beschlossen wir, den Job zu beenden. Ein paar Monate später stellte auch das Piratenradio seinen Betrieb ein, die Beziehung hielt überraschenderweise noch mehrere Jahre.

Notizen eines Kleindarstellers
Kontoeingang: +150 Euro

21.30 Uhr: Ankunft Bangaluu Club
Treffpunkt zum Dreh der Internet-Serie *Candygirls*.

21.32 Uhr: Begrüßung des Teams am Speisewagen der MME. Ich bestelle Paprikaschote mit Käse gefüllt, überbackenem Käse und Käsesahnesoße. Hauptdarstellerin Lola trägt rote Pumps und nimmt »einmal Milchreis mit Apfelmus«. DJ Cle sitzt auf einer Holzbank und bereitet sich auf seine Rolle als DJ Cle vor. Auftrag von Regisseurin Dehne: »Es muss professionell wirken.«

22.15 Uhr: Völlegefühl
Im Aufenthaltsraum nehme ich Platz auf dem Sofa. Eine übellaunige Kostümbeauftragte spricht mich mit »Süße« an und befiehlt mir aufzustehen – der Platz werde für die Kleidung der Hauptdarsteller benötigt. Gerne würde ich mit »blöde Sau« antworten, setze mich stattdessen auf einen Hocker in die hintere Ecke des Raumes – beleidigt.

23.00 Uhr: Schweigen und Warten
Die aktuelle Drehplanverzögerung beträgt eine Stunde. Komparsen gehen noch mal ihre nicht vorhandenen Texte durch – ich habe auch keinen.

23.10 Uhr: Kurzes Aufmerken
DJ Cle weist auf einen Wollfussel am Kragen hin.

23.20 Uhr: Nina Queer verteilt Promo-CDs von Nina Queer, darauf zwölf housige Clubtracks plus Bonusvideo, Titel: »Ficki ficki – Aua aua«.

23.25 Uhr: Junge Schauspielerin begutachtet sich vorm Spiegel und erinnert an eine kürzlich auf Vox ausgestrahlte TV Dokumentation *Hilfe, mein Kind ist ma-*

gersüchtig. Wunderschön, jedoch stark untergewichtig, klagt sie: »Das Kleid macht einen dicken Bauch.«

23.30 Uhr: Umziehen für die Rolle der alternden und profitgeilen Clubbetreiberin
Anmerkung der Drehbuchautorin: »Du spielst dich einfach selbst.« Anschließend Einweisung zur bevorstehenden Schauspieltätigkeit: ›Tanzen vorm DJ-Pult‹ und ›Flirten mit dem Ex der Hauptdarstellerin‹.

0.30 Uhr: Eintreffen am Drehort DJ-Pult
Transvestit Nina Queer spielt eine Dragqueen, die vom Barhocker fällt. Meine Aufgabe: danebenstehen und überrascht gucken. Insgesamt sechs Mal wird gestürzt – überraschenderweise bin ich jedes Mal überrascht.

0.50 Uhr: Szene: Tanzen mit Statisten im Club (ohne Musik), nun ist auch klar, wieso Clubszenen im Tatort immer so erbärmlich wirken. Als Flirtpartner tänzelt mir, wie angekündigt, ein Schauspieler entgegen. Er schwitzt und macht merkwürdige Gesten. Ich habe einen Blackout und kann mich nicht mehr erinnern, wie man auf der Tanzfläche flirtet – gedreht wird trotzdem.

1.30 Uhr: Feierabend
Gemeinsames Getränkeordern mit Darsteller ›Flirtpartner‹ sowie Darsteller ›Türsteher‹ an der Bar. »Das geht übrigens auf die MME«, probiere ich's beim Barkeeper. Der daraufhin: »Das glaub ich kaum.«

2.30 Uhr: Gage versoffen

Ortswechsel zur Haltestelle Invalidenstraße. Genervte Blicke auf die Handyuhr. Verzögerung der privaten Schlussszene ›Abfahrt im Nachtbus‹ um 20 Minuten.

Ein unseriöses Angebot

Kontoeingang: 0 Euro

Keine Ahnung, wie das bei Ihnen so ist, aber ich freue mich über jede Nebenerwerbstätigkeit. Lesungen an Grundschulen, Gastsynchronisationen als Fisch in der Warteschlange (SpongeBob), Verkauf von Schokolade im Barockkostüm – ich mache alles, also fast. Denn letztens bekam ich folgende E-Mail von meiner Agentur, die auch nach mehrmaligem Lesen einen verdächtigen Beigeschmack behielt: »Gesucht werden Gästebetreuerinnen, die auf einer Veranstaltung in besonderer Kleidung beschäftigt sind und dafür 800 Euro erhalten. Der Auftraggeberin ist es wichtig, dass ›etwas dran ist‹ an den Frauen … Außerdem sollten sie ein nettes Auftreten haben und Gästen gegenüber allgemein hilfsbereit sein.«

Auf Anfrage versicherte mir meine Agentur doppelt und dreifach die Seriosität des Angebots. Meine Skepsis blieb, konnte ich mir doch beim besten Willen nicht vorstellen, wieso jemand in Berlin 800 Euro für ein paar Stunden Gastbetreuung zahlen sollte, es sei denn, die Betreuung würde außerordentlich persönlich ausfallen.

Im Internet suchte ich also nach Informationen zum Anbieter. Die von Google gelieferten Stichwörter lauteten »Lack« und »Leder« sowie »Domina« und wirkten nicht gerade vertrauenerweckend. Ich erkundigte mich dann direkt beim Auftraggeber, was genau die gewünschte Betreuung denn beinhalte. Die Antwort der Mitarbeiterin fiel eher schwammig aus. »Knopf annähen« war eine der wenigen Konkretisierungen des Aufgabenspektrums. In abenteuerlustiger Stimmung ließ ich mich zum Vorstellungsgespräch einladen. Als Treffpunkt wurde mir von der Agentur ein abgelegener Gasthof in Berliner Waldrandlage benannt.

In der Nacht zuvor schlief ich sehr schlecht. Ich malte mir in verschiedenen Szenarien das Aufeinandertreffen aus. Am Ende sah ich mich von Mitgliedern eines Callgirlrings gewaltsam verschleppt – den vierminütigen Beitrag für ZDF *Aktenzeichen XY* hatte ich fertig geschnitten im Kopf. Am nächsten Morgen sagte ich dann in einer wortkargen E-Mail das Treffen ab und vermied jeden weiteren Kontakt.

Meinen Agenten rief ich kurz danach an und empfahl im zickigen Tonfall, seine Jobangebote besser zu prüfen, für zwielichtige Puffakquisen stünde ich nämlich nicht zur Verfügung! Ich hatte die Angelegenheit längst vergessen, als ich Wochen später von einer Kollegin einen begeisterten Detailbericht ihres neuen Jobs zu hören bekam. Sie berichtete, sie hätte mit einer Schweizer Auftraggeberin einen Vertrag abgeschlossen als eines von acht Models für eine Trachtenkollektion und Promotion auf Präsentationsveranstaltungen in Berlin, Paris und Dubai. »1000 Euro pro Veranstaltung!«, schwärmte sie, »Laufsteg- und Mediatraining inklusive, ein Traumjob sozusagen.« Sie sagte, es wäre ein Riesenglück, da sie den Job nur bekommen hätte, weil jemand anderes in letzter Minute abgesprungen sei.

Ich hab mich ehrlich gesagt für meine Kollegin nicht so richtig freuen können. Aber vielleicht können Sie es ja.

Kurzfilm

Kontoausgang: -0,20 Cent

11.20 Uhr: Sorgenvoller Blick in den Spiegel

Der i-Punkt von Lidl dehnt sich tomatengroß über's Gesäß. Das Kleid habe ich mir aus 10-Cent-Tüten zusammengeklebt, es soll noch bis zum Abend halten. Grund: Gastrolle in gesellschaftskritischem Kurzfilmprojekt. Die beklemmende Finanzsituation von Künstlern soll im Schmalfilmformat dargestellt werden.

11.40 Uhr: Handy klingelt

Mitteilung über Drehverzögerung: 1,5 Stunden. Sitze auf leerem Bierkasten und warte, den Blick vom Balkon in Richtung Schrebergärtchen gerichtet. Jemand wühlt unwirsch in der Erde. Die Tüten knistern leise.

14.00 Uhr: Treffpunkt Burger King

Gemeinsamer Fußweg mit Auftraggeber zum Drehort: Jüdisches Mahnmal in Mitte. Hier Händeschütteln mit weiteren Darstellern sowie Regisseurin, einer winzigen Frau mit Schlapphut und dunkler Sonnenbrille. Erste Anweisung: »Nicht durchs Bild laufen!«

14.15 Uhr: Drehauftakt

Tänzer im hautengen Dress posiert schwanenseehaft auf den Stelen. »Großartig!«, ruft die Regisseurin. Herbeieilender Securitymitarbeiter ist anderer Meinung, brüllt von hinten: »Komm da runter. Idiot!«

15.00 Uhr: Drehstopp

Aus unbekannten Gründen muss mit Ersatzkamera gefilmt werden, welche an unbekanntem Ort abgeholt werden muss. Mit Schwanensee-Mann warten und frieren. Dabei plaudern über Pina Bausch, U-Bahnfahren mit Vladimir Malakhov, sowie Vortanzen am Friedrichstadtpalast. Endlich: Kamera da. Drehbeginn. Eine Gruppe Touristen rollt auf Segways langsam durchs Bild.

16.00 Uhr: Hektik wegen drohenden Sonnenuntergangs – Lichtproblematik!

Taxifahrt zum nächsten Drehort, Strausberger Platz. Auf der Rückbank praktische Tipps zum Tragen eines Suspensoriums erhalten.

16.20 Uhr: Plötzlicher Harndrang

Drei Flaschen Club-Mate fordern ihren Tribut: muss sofort aufs WC! Raus aus dem Taxi, im Dauerlauf in den nächsten Supermarkt. An der Fleischtheke von Rewe Frau Kaminski in Lidl-Tüten gehüllt die Not schildern. Dann 0,4 km durchs Kellergeschoss geführt und in einer Personaltoilette zurückgelassen werden. Tausend Dank, Frau Kaminski!

16.50 Uhr: Nächster Dreheinsatz
Positionierung zum Wettrennen mit Einkaufswagen vor Ampel am Strausberger Platz. Bei Grün: los! Tänzer rast los, Auftraggeber hinterher, ich geb' alles und bleib' 20 Meter zurück.

16.56 Uhr: Notreaktion
Schwitzend mit einem Ruck das Tütenoberteil aufreißen, stummer Zeuge: eine Karl-Marx-Statue. Hat eigentlich irgendjemand eine Vorstellung, wie anstrengend es ist, in der Rushhour um den Strausberger Platz zu rennen?

17.00 Uhr: Drehabbruch
Atemlos auf den Einkaufswagen stützen und Erklärung der Regisseurin anhören: »Sorry Leute, aber das macht keinen Sinn. Sowas will keiner sehen.« Neuer Drehtermin: unklar. Verabschiedung: jetzt.

17.10: Uhr Heimweg
Kritik zur beklemmenden Situation von Künstlern wird statt auf Schmalfilm in der U-Bahn verarbeitet: mimisch, mit bösem Blick.

Doktor h.c. Dancefloor
Kontostand: -39 Euro

Trage heute das teure Schwarze. Habe einen antiken Ohrensessel bei Ebay ersteigert und eine leere Truhe in die Mitte des Zimmers gerückt, in Erwartung von zentnerweise Glückwunschkarten, Präsentkörben und Blumenbouquets. Für Frau A. ist eine neue Ära angebrochen, die des hochwertigen, gepflegten Lebens, ermöglicht durch ein überraschendes Angebot im Rabatt-Onlineshop. Man hörte ja schon öfter davon, ein Mausklick kann das Leben verändern. Dabei waren meine Erfahrungen mit dem Anbieter Groupon bisher nur mäßig befriedigend. Ich zahlte zirka ein Dutzend Fremdsprachen- und Poweryogakurse, die, vom Gewissen gebucht, vom Körper nie besucht wurden. Ich orderte auch mal das Topangebot: »4 zum Preis von 1 – Fotoprintmotiv deiner Wahl auf Kuschelkissen«. Eine Woche später traf die Bestellung ein. Ich riss das Päckchen auf, das Antlitz des Partners lag vierfach im Zimmer verteilt, mit Styroporkügelchen ausgestopft und seltsam verzerrt. Die Schutzimprägnierung verlieh ihm zudem einen fettig-ungesunden Glanz. Die Kissen lagerten seither unter einer Plane im Keller, den ich nie mehr betrat.

Die Geschäftsbeziehung zum Onlineshop nahm ich wieder auf, weil mich ein Newsletter mit unglaublichem Angebot erreichte. »Ehrendoktortitel – mit Doktor h.c. vor dem eigenen Namen für Aufsehen sorgen! Rabatt 74%.«

Ich dachte erst an einen Scherz, die kurze Recherche ergab jedoch: alles korrekt. Ich habe dann den günstigsten Titel, einen Doctor h.c. for Exorcism für 39 Euro bestellt. Ich dachte an die strahlenden Augen meiner Mutter, während sie unserer verdutzten Verwandtschaft die frohe Botschaft überbringen würde. Den exakten Titel würde sie ohnehin gleich wieder vergessen. Als Doktor h.c. könnte ich deutschlandweit dozieren. Worüber ist zweitrangig, da die Menschen, wie so oft, wenn ein Doktor oder irgendein besoffener Adliger die Stimme erhebt, in Ehrfurcht erstarren würden. Meine Studien über Raumzeitkrümmungen im Kumpelnest 3000 würden dann am Max-Planck-Institut genauso wie auf den Charityveranstaltungen von Begum Inara Aga Khan mit großem Interesse verfolgt werden. Stets würde ich bei offiziellen Terminen einen dunklen Mantel tragen und außerdem einen Sekretär einstellen, der die Termine für meine neue, hoch dotierte Beratertätigkeit im Partysegment koordiniert. Herzstück dieses Geschäftsmodells wäre ein Notfalltelefon. Den Ehrendoktor der Berliner Partynation und Miami Church könnten Veranstalter nachts unter 030-6662000 erreichen, falls das Event nicht so läuft wie geplant. Vor Ort würde ich eine sofortige Analyse durchführen und diese anschließend auf der Bühne, im Sprechgesang auf Downbeats des DJs predigen. Die Party würde hiernach vielleicht nicht mehr zu retten sein, mein Honorar jedoch könnte der Veranstalter, wie das eines Steuerberaters, absetzen. Dieses Geschäftsmodell ist nicht nur von der Berliner Club Commission abgesegnet, ich habe es mir bereits lizensieren lassen.

Der offizielle Titel wird mir, laut Onlineshop, in wenigen Tagen per Post zugeschickt – Ihre Glückwünsche nehme ich aber gerne auch schon heute entgegen.

In der Jury

Talentwettbewerb eines Schnapsherstellers in Berlin. Kontoeingang: +386,70 Euro

21.00 Uhr: Ankunft

Jackie: »Hallo, ich sollte um neun hier sein wegen dem Talent-Wettbewerb.«

Koordinatorin: »Bist du das Hula-Hoop-Girl?«

Jackie: »Nee, ich soll hier Jury machen.«

Koordinatorin: »Okay, bestell dir doch erst mal was an der Bar, bin gleich wieder da.«

22.00 Uhr: Rückkehr der Koordinatorin

Jackie: »Ich glaub, ich hab einen sitzen.«

Koordinatorin: »Das ist doch toll! Der Sponsor wird sich freuen.«

23.00 Uhr: Die Jury nimmt die Plätze ein

Auf Anweisung des Sponsors werden mehrere Cocktails auf unserem Tisch drapiert – das Produkt soll auf den Pressefotos zu sehen sein. Bereitwillig trinke ich mal aus diesem, mal aus jenem Glas.

23.30 Uhr: Wow

Seit mehreren Minuten schwingt ein ultraschlanker Mittdreißiger einen mit Leuchtdioden ausgestatteten Reif um seine Taille. Er hat etwas von einem Aal – einem sehr lustigen Aal mit beeindruckendem mimischem Repertoire.

23.50 Uhr: Artisten führen Figuren vor

Die recht typisch für Zirkusperformances sind. Es wirkt, als wären sie schon 500-mal mit der Nummer aufgetreten. Ich langweile mich. Am Ende jubelt das Publikum. Schnapsmutig vergebe ich die niedrigste Punktzahl. Begründung: geschmacklose Garderobe (blonde Strähnchen zu türkis-schwarzen Glanzanzügen). Es folgen Buhrufe, das Publikum ist empört. Ich tu' so, als höre ich nichts.

23.45 Uhr: Die Gläser sind leer

Schon wieder! Mit großer Geste wird Nachschub geordert. Die Bewertungen der Künstler fallen inzwischen lauter, länger und insgesamt temperamentvoller aus – wenn auch nicht aussagekräftiger.

0.10 Uhr: Die Gesangsperformance ist schlecht

Ich schäme mich für die Frau, die nun auch noch nett in meine Richtung lächelt. Aus Mitleid gebe ich ihr die höchstmögliche Punktzahl.

0.20 Uhr: Plötzliches Unwohlsein

Der Schnapskonsum bleibt nicht folgenlos. Noch während der Darbietung einer Burlesquetänzerin muss ich zur Toilette. Ich beeile mich sehr, doch als ich wieder komme, ist die Show vorbei – unauffällig schreibe ich die vergebenen Punkte vom Nachbarn ab.

0.30 Uhr: Der Gewinner steht fest

Zum Glück hat das Publikum entschieden. Den längsten Applaus erhält ein kleiner Mann, der zum Thema Pornos und Obdachlose performte. Feierabend.

0.40 Uhr: Artisten-Duo stellt mich an der Bar zur Rede
Im Anschluss zwanzig Minuten besoffene Rechtfertigung meinerseits.

1.00 Uhr: Einem Mann aufs Hotelzimmer folgend
»Das ist doch viel zu viel!«, rufe ich, Bescheidenheit vortäuschend, während ich eilig die Scheine der Gage verstaue. Ich kann mein Glück ob des großzügigen Trinkgelds kaum fassen. Zurück auf der Tanzfläche wird der lukrative Job exzessiv mit noch mehr Schnaps und Techno bis sechs Uhr früh gefeiert.

12 Stunden später
Aufstehen unmöglich, der Kater ist grauenvoll. Nur langsam ordnet sich der Verstand und ein blöder Irrtum wird bewusst. Das gefeierte Trinkgeld des Veranstalters war die reguläre Mehrwertsteuer, die ich im Rausch vergaß. Es folgt ein selbst erteiltes Schnapsverbot sowie ein letztes Urteil: Jackie A. – null Punkte.

Rettungsschirm
Kontostand: -1290 Euro

Sitze auf einem beigefarbenen Stuhl und denke über Revolution nach. Ringsum nippen Senioren an winzigen Tassen. Ein Rollator parkt am Eingang, der Regenschirm liegt auf dem Tisch. Im Radio singt Milow »Ah-Yo, I'm tired of using Technology«. Eine Fliege wandert müde über die Scheibe des Kuchenbuffets und auch die Partyreporterin ist an Aufregung heute nicht interessiert.

Ich sortiere lieber die Haselnüsse aus dem Eisbecher heraus. Das ist merkwürdig, denn eigentlich esse ich Nüsse ziemlich gern. Ich würde sogar sagen, sie sind das Beste am Nusseisbecher, doch heute stören sie mich. Sie sind Stellvertreter für unbequeme Nachrichten in süßklebriger Nachmittagsstunde. Bekannte zogen vor den Bundestag, sie haben sich der Occupy-Wallstreet-Bewegung angeschlossen. Auf Facebook posten sie immer wieder neue Fotos von Plakaten und bunten Menschenmengen.

In Zeiten erhöhten Demonstrationsaufkommens müsste einen dies nicht weiter beschäftigen, wäre das Thema nicht so spannend. Als Fan von unkonventionellen politischen Innovationen würde ich es nämlich sehr begrüßen, wenn mein Dispokredit, ähnlich wie die Schulden der Deutschen Bank, auf politische Anordnung hin vom Volk, zumindest dem Berliner Volk, übernommen würde. Zweifellos würde die Berliner Nachtlebenwirtschaft von einer solventen Partyreporterin erheblich profitieren. Clubs könnten wegen steigender Getränkeumsätze expandieren, die Nachfrage nach teuren Kugelschreibern und Partyartikeln wie Spitzhütchen, Konfetti- und Glitzerstaubkanonen würde steigen, immer mehr Perückengeschäfte würden eröffnen, neue Arbeitsplätze entstünden.

Zudem wäre der Politik mit einem neuen sympathischen Image des Rettungsschirms geholfen – weg vom bedrohlichen, Milliarden Euro vernichtenden Ungetüm hin zum Retter des kleinen Reporters und des einzelnen Menschen ganz allgemein. Ich finde, jeder sollte so einen Rettungsschirm besitzen, und gerne würde ich die Vorreiterrolle übernehmen. »Erster Bürgerrettungsschirm tritt in Kraft«, soll die Berliner Zeitung titeln, darunter ein Foto vom Filialleiter der Sparkasse und mir, händeschüttelnd.

Doch statt meine Anregungen vorm Bundestag zu skandieren, sortiere ich Nüsse aus dem Eisbecher. Offensichtlich ist meine Wut über das System noch nicht groß genug. Wie sollte sie auch? Im Club- und Disco-Universum ist die Welt noch in Ordnung: Schnäpse gehen aufs Haus, die Gästeliste ist umsonst, und wenn der Sinn nach Urlaub steht, wird ein Etablissement mit Papageien- und Palmendekoration besucht.

Ich seufze laut auf. Es ist eine mühselige Angelegenheit, einen Nusseisbecher zu essen, während weltweit für interessante Anliegen demonstriert wird.

Bilder der Montagsdemonstrationen von '89 kommen mir in den Sinn – die Menschen, ihre Entschlossenheit, das Ergebnis! Entnervt bestelle ich die Rechnung. Ich möchte nun doch etwas bewirken für mich und die Gesellschaft – am besten sofort, dann habe ich es hinter mir. Vorm Café weht ein kräftiger Wind. Eiligen Schrittes laufe ich los, die Haltestelle im Visier. Der Kellner taucht im Türrahmen auf, ruft: »Ihr Schirm! Vergessen Sie Ihren Schirm nicht!« – Dann kommt der Bus.

HAUSFRAU bin ich seit dem 13. Juli 83

Seit gestern bin ich für den Haushalt verantwortlich. Ich gehe einkaufen, bring den Müll hinunter, wasche ab, mach die Betten u.s.w. Natürlich muß ich mich dann auch selbst versorgen. Mutter mit Kinder. Die Kinder sind in diesem Fall Nucki, Rosi, CHArlie. Ich habe ja im Moment Ferien, aber wenn die Schulzeit beginnt weis ich nicht wie ich das schaffen soll.

Da ich immer alle Briefe und Postkarten verbumle werde ich sie ab heute immer einkleben!

Analog

Als Kind habe ich mich nie besonders für Geld interessiert, für die erhöhte Aufmerksamkeit meiner Mitmenschen hingegen schon. So entwickelte ich den groben Plan, Prinzessin zu werden oder Hollywoodstar – auf jeden Fall eine geschminkte Frau mit sehr vielen Federn am Kragen und schwarzen Puscheln auf den Hausschuhen, der man auch aus nichtigen Anlässen applaudiert.

Dieser Wunsch nach Applaus blieb auch in der Schulzeit erhalten. Er ging allerdings eine Zeitlang verschütt unter den Beklemmungen der aufkommenden Pubertät. Ich fühlte mich zunehmend unwohl im eigenen sich verändernden Körper und entwickelte eine Schüchternheit, die eigentlich untypisch für mich war. Eines Tages stand ein Team vom DEFA Film Studio Babelsberg auf unserem Schulhof. Die Jungs und Mädchen meiner Klasse tuschelten aufgeregt. Ich ahnte, dass dies meine Chance war. Als die Schulglocke läutete und wir zurück in den Klassenraum kamen, wartete schon ein kleiner Mann mit Brille und grauen Haaren vor unserer Tafel. Er stellte sich als Regisseur vor und befragte anschließend einige Mädchen, darunter auch mich. Ich begann zu schwitzen und fand keine Worte. Dann hörte ich ein lautes Geräusch, eine Art Krachen. Es war der Knoten, der in meinem Innern platzte, plötzlich war ich frei, und es sprudelte nur so aus mir heraus. Ein paar Tage später erreichte mich ein Telegramm. Ich hatte einen Termin zum Vorsprechen für die Rolle der Tochter Ernst Thälmanns, Irma Thälmann. Ich war so unsagbar stolz! Die Thälmanns waren im Osten eine ganz große Nummer. Man muss sich das in etwa so vorstellen, als würde man heute zu einem Casting eingeladen, weil man für die Rolle des Mädchens von Helmut Kohl in die engere Auswahl kam – der reine Wahnsinn!

Ein Telegramm

Ich hatte vor drei Wochen ein Telegramm bekommen, in dem stand:

»Zu einem Gespräch mit Regisseur Peter Vogel laden wir dich Donnerstag, 28.10 zwischen 15 und 16 Uhr ein. Treff vor Kleindarstellergebäude August-Bebel Straße Babelsberg

Gruß, Doeber »Dr. Kronenthalproduktion«

Ich war dort und warte nun auf Antwort, ob sie mich nehmen!

Das Casting begann verheißungsvoll. Eine Kostümbildnerin führte mich in den riesigen Saal des DEFA-Filmfundus. Hier lagerten in meterhohen Regalen alle Arten von Perücken, venezianische Masken, Barockkleider, ausladende Hüte und Diademe. Aus dem spannenden Equipment stellte man mir einen taubengrauen Irma-Thälmann-Rock sowie eine muffig riechende Bluse zusammen. Anschließend wurden mir Zöpfe geflochten und oberhalb der Stirn eine eiförmige Verdickung toupiert. Ich verstand schon, dass der Look für den historischen Film Sinn machen würde, konnte aber meine Enttäuschung beim Blick in den Spiegel nur schlecht verbergen. Beim Probedreh saß ich dann bedröppelt in einer stinkenden Bluse auf dem Schoß von Ernst Thälmann. Er hielt einen langatmigen Monolog über den mühevollen Kampf der Arbeiterklasse. Ich hatte mir meinen Auftakt als Filmstar irgendwie anders vorgestellt und der Regisseur wohl auch. Er entschied sich für ein größeres Mädchen in einer, wie ich fand, wesentlich schöneren Bluse.

Schon früh mit der Realität des Filmgeschäfts konfrontiert, war ich zumindest für einen begrenzten Zeitraum bereit, mich nach bodenständigeren Alternativen umzusehen. Meine Mutter konnte als schichtarbeitende Alleinerziehende in der Gastronomiebranche jede Art von Unterstützung gebrauchen, und so bot ich mich kurzerhand als Haushaltshilfe an. Das war bei uns keine Selbstverständlichkeit, denn meine Mutter hatte nie verlangt, dass ich mich an Aufgaben im Haushalt beteiligte. Ganz im Gegenteil, sie sagte einmal, sie brächte mir bewusst nicht das Kochen bei, damit ich gar nicht erst in Gefahr geriet, in altbackene Rollenmodelle zu verfallen. Die Gefahr war ohnehin gering, denn, wenn ich mich richtig entsinne, überforderte mich die Rolle der Hausfrau damals vollends, und ich schmiss nach dem folgenden im klagenden Tonfall verfassten Tagebucheintrag nach nicht mal 24 Stunden wieder hin.

Seit gestern bin ich für den Haushalt verantwortlich. Ich gehe einkaufen, bring den Müll hinunter, wasche ab, mach die Betten, u.s.w. Natürlich muss ich mich dann auch selbst versorgen.

Mutter mit Kindern, die Kinder sind in diesem Fall Nucki, Rosie und Charlie. Ich habe ja im Moment Ferien, aber wenn die Schulzeit beginnt, weiß ich nicht, wie ich das schaffen soll.

Erste, unfreiwillige Einblicke in die bevorstehende Arbeitswelt erhielt ich in den Schulfächern PA (Produktive Arbeit) sowie ESP (Einführung in die Sozialistische Produktion). Diese Fächer wurden außerhalb der Schule in einer Firma unterrichtet, die Metall verarbeitete. Der graue Industrieflachbau war von innen wie außen ein spröder Ort, mit stumm vor sich hin werkelnden Menschen in blauen Overalls, dutzenden Schraubstöcken in asbestummantelten Hallen und einem permanenten Hämmern und Bohren als Geräuschkulisse. Unmotiviert feilte ich hier gefühlte Stunden an einem Stück Metall, ein Schutzblech für ein Türschloss. Irgendwann kam ein Betriebsleiter mit einem Winkelmesser vorbei, begutachtete das Stück und warf es mit einem knappen »Dit is Ausschuss« in einen Mülleimer. Die Szene wiederholte sich viermal. Als das Material knapp wurde, ließ man mich Türrahmen streichen oder eine Wand auf dem Flur tapezieren.

Am Jahresende erhielt ich die schlechtmöglichste Note und hatte das Gefühl, in der metallverarbeitenden- bzw. Malerbranche falsch besetzt zu sein. Als dann eines Tages Hefte im Unterricht verteilt wurden, in denen mögliche Berufe für uns aufgelistet waren, herrschte große Ratlosigkeit meinerseits. Auswählen konnte man zwischen Berufen wie Dreherin, Maschinenschlosserin oder NVA-Soldatin. Ich blätterte das ganze Heft durch, aber Schauspielerin, Prinzessin oder Sachbuchautorin war auf keiner Seite zu finden. Das Kreativste auf der Angebotsliste war der Beruf der Friseurin. Das erklärt vielleicht, warum Millionen Mädchen an den Polytechnischen Oberschulen scharf darauf waren, eine Friseurausbildung zu absolvieren. Bevor auch ich mich Jahre später vergeblich um einen der gefragten Ausbildungsplätze im Friseurbetrieb bewerben sollte, stockte ich mit kleineren Tausch- und Verkaufsgeschäften mein Taschengeld auf. Als erstaunlich lukrativ stellte sich der Verkauf von gebrauchtem Spielzeug heraus, das sich über die Jahre in meinem Zimmer angestaut hatte.

Meine Spielsachen hatte ich in der 46. Wo.
1983

Es war irgendwann in der 46. November-
Woche. Am Vorabend kämmte u. wusch ich
meine Pupen, zog sie niedlich an und teil-
weise reparierte ich sie. Mami wusch u. nähte die
Kuscheltiere. Wir steckten sie in zwei Kisten.
am späten Nachmittag (es war schon dun-
kel) des nächsten Tages bestellten wier ein
Taxi u. schleppten die Kisten vor die Straße
Wier warren jetzt im An & Verkaufsladen u.
verkauften die Sachen für insg. 104,- M. Ma-
mi fand dort auch gleich einen schicken
Mantel für 60,- M. Mein Kinderzimmer gibt
es auch nicht mehr. Mami hat sich dort ein
Bett gebaut. Ich sollte eigentlich Stiefel für
meine Verkaufen-Sachen, aber bis jetzt hab
ich noch nichts davon bemerkt.

48

Es war irgendwann in der 46. Novemberwoche. Am Vorabend kämmte und wusch ich meine Puppen, zog sie niedlich an und teilweise reparierte ich sie. Mami wusch und nähte die Kuscheltiere. Wir steckten sie in zwei Kisten. Am späten Nachmittag (es war schon dunkel) des nächsten Tages bestellten wir ein Taxi und schleppten die Kisten vor die Straße. Wir waren jetzt im An- & Verkaufsladen und verkauften die Sachen für insgesamt 104 Mark. Mami fand dort auch gleich einen schicken Mantel für 60 Mark. Mein Kinderzimmer gibt es auch nicht mehr. Mami hat sich dort ein Bett gebaut. Ich sollte eigentlich Stiefel für meine verkauften Sachen bekommen, aber bis jetzt habe ich nichts davon bemerkt.

104 Ostmark für eine verscherbelte Kindheit. Eine beachtliche Ausbeute, wenn ich es recht bedenke, die auch gut als Startkapital für eine Händlerkarriere im Gebrauchtwarensegment hätte taugen können. Doch wie gesagt, als Kind habe ich mich nie besonders für Geld interessiert – für die erhöhte Aufmerksamkeit meiner Mitmenschen hingegen schon. Die Anerkennung schien mir bestmöglicher Lohn zu sein. Ich ahnte ja nicht, wie anstrengend das noch werden würde. Es sollte noch mehrere Jahre dauern, bis mir klar wurde, worüber Donna Summer da eigentlich sang:

She works hard for the money
So hard for it, honey
She works hard for the money
So you better treat her right

3

Verknallt und verschallert

(Amöbenhafte Hirnfunktionen und was sonst noch Liebe genannt wird)

So viel ist klar, ohne wäre einiges anders gelaufen in meinem Leben. Konzentriert hätte ich im Unterricht der Lehrerin zugehört, statt wie besessen mit dem Kugelschreiber Herzen und *I love Marko* oder *Kai, you're so beautiful!* auf Heftseiten, Schultische und WC-Türen zu krakeln. Ich hätte mich sinnvolleren Dingen hingegeben als Tagträumen von Jungs mit absurden Frisuren, wie Robert Smith (The Cure) oder Limahl (Kajagoogoo) sie in den Achtzigern trugen. Dann wäre ich heute Chemieprofessorin und würde an dieser Stelle gegen beträchtliches Honorar die Reaktivität von Kohlenstoffatomen mit Doppelbindung erläutern, ein dampfendes Reagenzglas hervorholen und zeigen, was passiert, wenn bestimmte Hormonverbindungen als Katalysator hinzukommen.

Doch nun ist es zu spät für den Professorentitel und ich betrachte die Dinge pragmatisch.

Es ist ja nicht alles schlecht an der Liebe. Der Rausch zu Beginn beispielsweise ist phänomenal. Mit dem Cocktail aus Oxytocin, Neurotrophin, Dopamin, Serotonin und einem Spritzer Testosteron in der Blutbahn ist man schon nach wenigen Stunden Schlaf fit und aus nichtigsten Anlässen euphorisch gestimmt. Man schwebt durch imaginäre Wattewolken und selbst unwirtliche Plätze, wie der U-Bahnhof Kottbusser Tor werden zum romantischen Garten Eden und schmutzige Spritzen auf Bahngleisen verwandeln sich in zartduftende Orchideenzweige. Natürlich hält der Zustand nicht ewig an und wahrscheinlich kennt jeder diesen Moment der verdutzten Ernüchterung, wenn man sich nach einer Trennung fragte: Was habe ich damals an dem/der nur gefunden? Man vermutet dann häufig, der Partner hätte sich sehr verändert, wäre nicht mehr derselbe wie früher, aber in Wahrheit hat der eigene Körper einfach die Cocktailbar dicht gemacht und lässt einen mit mächtigem Hormonkater in einer kalten grauen Stadt zurück.

Bis dahin kann sich die Wirkung über Monate, manchmal Jahre, hinziehen, und während Unverliebte ihr Studium zu Ende bringen, ein Start-up-Unternehmen gründen oder sich sonst irgendwie nützlich machen, sieht man Liebestrunkene, lächelnd, mit amöbenhaften Hirnfunktionen durch die Stadt torkeln.

Als ehemalige Barkeeperin probierte ich einen eigenen Weg der Analyse und begann, über die Hormoncocktails und ihre Wirkungen Buch zu führen. Im Grunde tat ich dies schon seit meinem zwölften Lebensjahr. Damals schon sammelte ich alte Liebesbriefe und fischte winzige Notizen zum Thema aus dem Mülleimer im Klassenraum. Ich hoffte wohl unbewusst, so dem Risiko einer möglichen Hormongrippe vorzubeugen. Heute weiß ich, es gibt immer einen Cocktail, der einen unvorbereitet umhaut. Und jedes Mal schmeckt er völlig anders und um Meilen besser als alle vorherigen zusammen. Vollends überzeugt, würde man beim Leben seiner Mutter schwören, dass dies der einzige ist, den man bis an sein Lebensende trinken wird – derweil nimmt der Bekanntenkreis den akuten Fall von Hormonverschallerung milde lächelnd zur Kenntnis.

Wäre ich Chemieprofessorin, könnte ich heute so einen Cocktail selbst im Labor herstellen. Und wäre ich Physikprofessorin, könnte ich beweisen, dass die Liebe ein Teilchenbeschleuniger ist, der das Gehirn vollkommen atomisiert.

Vorerst jedoch bleibe ich Barkeeperin – insbesondere nach Redaktionsschluss. Deshalb begutachte ich Hormoncocktails wie alle anderen Cocktails auch. Nach ihrem Geschmack und ihrer Wirkung. Hier eine Auswahl der wirkungsvollsten Rezepte.

Jackie Asadolahzadeh

Geboren:	als Ida Wüst am 10. Oktober 1884 in Berlin
Beziehungsstatus:	Es ist nicht so toll mit der Regionalbahn RE1
Sternzeichen:	alterndes Zirkuspferd
Interessiert an:	Winterverbot für Partnerbörsenwerbung im TV
Letzte Homepage:	http://www.beforeidieiwantto.org
Letzter Track:	Die Antwoord, „Tension“
Letztes Video:	„Tragödien der Liebe“ Teil I-IV
Letzte Meldung:	Zu schlapp, die Club-Mate-Flasche aufzuschrauben ...
Kontostand:	- 807, 13 Euro
Bankinformation:	Lastschrift 638,- Euro. Danke, dass Sie mit Discotel telefonieren

Digital

Champagner und Axe-Cocktail

(Süßlich-schaumig mit ernüchterndem Abgang)

Galerieeröffnung in Neukölln, Singleabschied im Kater Holzig, Matthew Styles in der Panoramabar, Bar-Opening auf der Friedrichstraße – manchmal glaube ich, und das kommt selten vor, ich bin überfordert.

Dabei ist eine gute Party von einer okayen Party sehr einfach zu unterscheiden, allein schon anhand ihrer Nachhaltigkeit. Eine okaye Party hinterlässt maximal einen Kater. Eine gute hingegen verändert das ganze Leben. Meine Freundin Jenny kann das bestätigen. Sie hat die Afterhour-Party im Spa-Bereich des Hilton Hotel in Berlin-Mitte nie vergessen.

Bei der Werbeveranstaltung eines Duschgelherstellers hatte man an alles gedacht:

Champagner, beheizte Swimming- und Whirlpools, Shrimpcocktails und flauschige Bademäntel für das Who-is-Who der Berliner Partygesellschaft. Die Hotelerbin Nicky Hilton posierte im Foyer des Hotels für die Kameras während im Spa-Bereich ein exquisites Buffet sowie das DJ-Pult für Playmate Gitta Saxx bereitgestellt wurde. Lichtreflexe des Poolwassers spiegelten sich auf den Kacheln der Wände. Die Luft war warm und feucht. Etwas müde saß Jenny hier gegen vier Uhr morgens im Whirlpool. Tausende Bläschen stiegen auf, im Wasser und in ihrem Champagnerglas. Dampf ließ ihre Brillengläser beschlagen. Sie beobachtete kaum bekleidete Menschen, die sich jauchzend mit Wasser bespritzten, und Schaumberge, die in Zeitlupe zu Housemusic-Tunes über den Pool waberten. Die betäubende Duftnote des marktneuen Duschgels erfüllte den ganzen Raum.

Nach drei Gläsern war Jenny bereit, sich am Geschehen zu beteiligen. Sie schwamm durchs Wasser vorbei an Luftmatratzen und Transvestiten, die nach verloren gegangenen Perücken suchten. Ein allgemeines Genecke folgte. Jeder kniff jedem mal in den Po. Leere Champagnerkübel umschifften die Partygäste wie beim Schiffbruch über Bord gegangenes Treibgut. Jennys Mann, ein DJ, musste am Abend als Main-Act bei einer Technoparty in Gießen auflegen. Daran war nichts Ungewöhnliches, die lebensfrohe Musikpromoterin war es gewohnt, alleine auf Partys zu feiern. Nie hatten sich daraus Folgen für ihr weiteres Leben ergeben. Doch das hier entwickelte sich langsam zu einer guten Party, und während sie durchs flachere Wasser wankte, griff plötzlich eine unbekannte Person von hinten an ihre Hüfte: Der Typ, ein erfolgloser Musiker, war stadtbekannt für seine enorme Attraktivität inklusive der (Zitatanfang) besten Titten in ganz Berlin (Zitatende). Wassertropfen perlten über seinen makellosen Oberkörper, er strich sich die nassen Haare aus dem Gesicht und lächelte. Er kam näher und roch sehr gut. Jenny war irgendwie merkwürdig zumute, es war, als würde das leuchtende Blau seiner Augen ihre Kniekehlen aufweichen. Der Champagner, das warme Nass, die beschlagene Brille …

Es folgte ein über die Maßen leidenschaftlicher Kuss und noch einiges mehr inmitten eines gigantischen Zwei-Meter-Schaumbergs, gesponsert von der Firma Lever Faberge. Den dramatischen Höhepunkt erreichte die Geschichte, als Jenny bemerkte, dass sie ihren Ehering im Schaum verloren hatte. Die kurze Freude mit dem Tittenmann wich dem schlechtesten Gewissen, das die Promoterin je mit sich trug. Die Nachricht über den vermissten Ehering machte die Runde, und kollektive Hilfsbereitschaft setzte ein. Männer tauchten auf den Grund des Beckens, Frauen suchten tastend im Whirlpool. Tatsächlich wurde der Ring gefunden. Ungefähr in der Mitte, auf dem Grund des Swimmingpools.

Jennys Erleichterung war unbeschreiblich, doch genutzt hat es leider nichts. Der Gatte wusste längst Bescheid, er wurde noch in Gießen über den Vorfall informiert – leider nicht von der hormonverwirrten Ehefrau selbst. Zurück im ehelichen Gemach folgte ein Riesenkrach, von dem die Nachbarn bis heute sprechen. Die Scheidung wurde beschlossen und die Promoterin zog aus dem eleganten 240 m^2 Loftappartement im Grunewald in eine Einzimmerwohnung mit Ofenheizung im Wedding. Den Mann aus den Schaumbergen hat sie nie wieder gesehen. Nur manchmal, wenn ihre Brille beschlägt, muss sie noch an ihn denken.

Cocktail-Ahoibrause

(schnell und prickelnd: 3 Päckchen Brausepulver, crushed Ice, Limettenjuice)

Es fühlt sich an, als hätte jemand meine Schädeldecke aufgesägt und anschließend mehrere Päckchen Brausepulver übers Hirn gestreut. Es knistert, und die Welt, durch tausende rosa Bläschen betrachtet, wirkt so unaushaltbar genial, dass ich vor lauter Begeisterung andauernd Menschen in den Arm nehmen möchte: den Busfahrer vom 150er, den Stoffbeutel-Alki vorm Supermarkt, die DHL-Botin. Alles und jeder sollte gedrückt werden, denn es herrscht akuter Oxytocin-Alarm im Monat Mai! Das sogenannte »Schmusehormon« überschwemmt zusammen mit Serotonin, Neurotrophin und Dopamin meine Hirnareale und fördert grenzdebiles Verhalten: Vierzehn Stunden am Tag lächeln? Null lächerlich! Sekt? Nein danke, bin schon besoffen! Langeweile? Unmöglich!

Jacke an, Jacke aus, weil mir mal kalt, mal heiß ist. Die Handflächen schwitzen, Herz klopft, Hunger ja, Essen nein, keine Konzentrationsfähigkeit (»Entschuldige, was hast du gerade gesagt?«), mehr facebooken als arbeiten, zum Beispiel, um hier relevanten Gruppen beizutreten wie *I love Kisses* oder Statusmeldungen des Begehrten chronisch zu kommentieren mit *geil* oder *hahaha*. Dabei im Fokus immer nur die eine, über die Maßen herbeigesehnte Aktivität: Knutschen, knutschen, knutschen.

Dieses brausepulverige Verknalltsein fühlt sich hervorragend an, hat aber auch Nachteile, vor allem wenn man Bestandteil der werktätigen Bevölkerung ist. Die Folgen sind auch in meinem Job unübersehbar: Kritische Recherche wird nahezu unmöglich, denn alles scheint plötzlich wunderbar. Der neue Club, den man letzte Woche in den Clubnachrichten noch in Grund und Boden schreiben wollte, ist mit einem Mal nun doch ganz schön, und das verpatzte Set vom DJ-Team Fürst von Metternich plötzlich keine Zumutung mehr, sondern ambitionierter Einsatz. Die Objektivität ist im Eimer, und alles was bleibt, ist ein Hang zur Dramatik, der durchs Verliebtsein offenbar noch verstärkt wird. Was in mir vorging, ist nur schwer zu beschreiben, als ich mich am Nachmittag des 1. Mai mit dem Verursacher des emotionalen Durcheinanders verabredete, und wir wegen der Absperrungen anlässlich der Demos auf der Schönhauser Allee nicht rechtzeitig zueinandergelangten: Eilig und im Zustand höchster hormonaler Aufgeregtheit passierte ich brennende Mülltonnen, Demonstrationszüge, Einsatzwagen der Polizei sowie mehrere Nebenstraßen, um den Gesuchten schlussendlich im Getümmel auf der Wisbyer ausfindig zu machen. In einer nicht wenig dramatischen Szene fielen wir uns in die Arme und verharrten in seliger Verzückung, während um uns herum wutentbrannt und laut schreiend linke Protestanten einen einzelnen Nazi jagten, der hier zuvor die Reifen eines Demonstrationswagens der Antifa zerstochen hatte. Für den Reifenstecher lief die Aktion wohl nicht sehr erfolgreich, für uns war der Augenblick an Romantik kaum zu übertreffen. Falls es dazu kommen sollte, dass diese Berichterstattung zum Thema Verknallt als nicht annähend so intensiv empfunden wird wie von mir oder meiner Mutter (»Oh mein Gott, du hast jemanden getroffen, der sich mit Computern auskennt, und ihr seid verliebt!«), dann kann dies nur einen Grund haben: einen viel zu niedrigen Oxytocin-Spiegel.

Merry-Christmas-Cocktail

(Schoko-Nelken-Zimt-Geschmack mit Heiligenschein)

Mein schönstes Weihnachtsfest erlebte ich in einem ehemaligen Nazibunker. Wir feierten *Happy Hardcore Christmas* mit insgesamt elf Gästen. Ich tanzte in einer goldenen Hotpants im Dunst der Nebelmaschine zu »LFO«, während der Haustechniker, alle nannten ihn wegen seiner Größe und des roten Basecaps nur »Radieschen«, auf einer Leiter kaputte Glühbirnen auswechselte. Zwischendurch stand ich an einer leeren Bar herum, redete über das bevorstehende Silvester, das wir wahrscheinlich wieder hier verbringen würden, hinter Stahltüren eines zügigen und nach Schimmelpilzen stinkenden Betonklotzes. Besagte Weihnachtsparty fand in den Neunzigern statt, in jenem Jahr, als auch ein junger Mann auf einer Party im dritten Stock verstarb – Herzversagen. Es war eine traurige Geschichte an einem trostlosen Ort, aber längst keine Ausnahme in der Berlin-Techno-City der neunziger Jahre. Wir hatten diese unglaubliche Musik und unsere Jugend und wir waren nicht mal am Montag müde, wenn wir seit Freitag durchtanzten. Was sollte uns da stoppen oder gar für immer ausschalten können? Der Tod schien suspekt und es brauchte einige Jahre, um zu begreifen, wie filigran und kostbar das Leben ist. Ich stand an der Bar und nahm einen Schluck aus dem Plastikbecher. Wenn es still war, konnte man genau spüren, wie die Trostlosigkeit von außen nach innen kroch. Zum Glück gab es Tracks mit 160 bpm. Der Barjunge sprach nicht viel und stellte zwei Schnapsbecher auf den Tresen. Er trug einen schwarzen Kapuzenpulli und sah kaum älter aus als 15 Jahre. Als er den Schnaps einfüllte, lächelte er schüchtern, seine hohen Wangenknochen waren wirklich toll. Er hatte skandinavisch blondes Haar und war ziemlich hübsch. Gegen zwei Uhr küssten wir uns. Trotz der Leere um uns herum und fragwürdiger Typen, die einem zwischendurch auf die Schulter klopften, um Ecstasy oder Speed anzubieten, fühlte sich alles weich und geborgen an. Denn im Gegensatz zu anderen Clubküssen entwickelte dieser hier eine eigentümliche Dynamik, und immer, wenn sich unsere Lippen neu berührten, wurde es leidenschaftlicher und ein bisschen so, als würden im Innersten Lichter angezündet, Kerze für Kerze, bis der Junge aus einem Bucher Plattenbau und das Mädchen mit den zu kurzen Hosen feierlich wie Weihnachtsbäume leuchteten.

Der ganze Raum war bald in warmes Licht getaucht, es roch nach Zimt, Hoffnung und Kaugummi. Der Türsteher, die Garderobenfrau, der Dealer und die vier letzten Gäste – gegen Ende lächelte jeder, der an der Bar stand.

Nichts ist wohl so ansteckend wie kleine bis größere Liebe. Der Barjunge zog bald schon bei mir ein, und zwei Wochen lang war jeder Tag ein Weihnachtstag. Dann, aus unbekannten Gründen, erloschen die Kerzen.

Cocktail-Good-Vibrations

(Viel Süßstoff, im Abgang ein Hauch naturidentischer Vanillegeschmack und Desinfektionsmittel)

Draußen scheint die Sonne und drinnen im ICC tun mir alle recht leid. Ich bin eine Menschenfreundin und glaube an die Liebe. Ich glaube, sie ist immer da. Egal wie trostlos es von außen scheinen mag, wie viele Schichten Verzweiflung, Enttäuschung und Selbsthass aufgeweicht werden müssen. Am Ende bleibt da immer ein Mikrofunken Mensch, ein warmer, wunderbarer …

In Messehalle 19 ist erst mal Rammstein angesagt und vier Minuten vergehen, bis der erste Schwanz im Rachen einer Blondierten kommt, live auf Screen übertragen. Verschiedene Sorten Techno wummern gegen mein Ohr, es gibt Stände mit quietschfarbener Reizwäsche, lebensgroßen Silikonpuppen mit offenen Mündern und Vaginas, die aus Stringtangas hervorquellen. Eine magere Erotikdarstellerin bewegt sich, Rolligkeit vortäuschend, an der Fotowand, drumherum schlingert ein Knäuel Regenwurmmänner. Es ist die Sorte Mann, die von Frauen stets übersehen werden, introvertiert und schlecht durchblutet. Sie schwitzen, während sie fotografieren, einige zittern sogar. Es riecht nach süßlichem Deodorant und einsamen Herzen. Jetzt ärgere ich mich über meine eigene Voreingenommenheit. Wer sagt, dass die Menschen hier nicht glücklich wären, sich amüsieren, ein bisschen Geld verdienen bzw. loswerden wollen?

Die Kollegin vom 030-Magazin, die Sexkolumnistin Shelly Masters, kommt da gerade recht. »Der erste Ficken ist gratis«, sagt die Bedienung und reicht uns gleichnamigen Begrüßungstrunk über die Bar. Der Schnaps schmeckt nach Heidelbeeren. Shelley Masters prostet mir zu und lacht donnernd.

Wir stellen uns zur Männertraube vor ein rundes Bett. Nebelschwaden ziehen auf, Michael Jackson singt »Dirty Diana«, und auf weißem Kunstleder wird einem Messegast der Hintern versohlt. Ich weiß nicht wieso, aber ich find's gut. Die Domina führt sich noch erhebliches Dildogerät ein, wirft ihre schwarzen Extensions in den Nacken und wirkt, als würde sie gedanklich eine Einkaufsliste für den Supermarkt zusammenstellen. Der Gast liegt unter ihr, trägt karierte Socken und die Kollegin holt einen Flachmann aus der Tasche. Wir nehmen zwei Schlucke und ziehen weiter, fotografieren uns kichernd zwischen lebensgroßen Gummipuppen mit offenen Mündern. Ein sächsischer Aussteller schenkt uns kleine Turnbeutel, »Wichssäckchen«, klärt der junge Mann mit Dialekt auf, genäht von seiner Freundin. »Sorgenfrei, fleckenfrei abspritzen!«, steht auf dem Beipackzettel, wir haben jetzt sehr gute Laune. Ich besorge Sekt und Shelley Masters fachsimpelt am Dildostand. Der Verkäufer trägt Tom-Ford-designte Turnschuhe mit Flügeln dran und empfiehlt ein »Special Edition Model«. Die ganze Zeit schon möchte ich wissen, wo der Lärm herkommt. Irgendwann finden wir uns hinter einer schwarzen Wand wieder. Ein Schild warnt: *Ladys only*, drinnen feiern dutzende jubelnde Frauen. Hinter einem Tänzer mit auf dem Bauch tätowierten Bacardi-Adler kniet eine Brünette, bemüht, ihm den Slip abzustreifen – Riesenstimmung! Meine Kollegin hat sich einen Gummipenis in den Hosenschlitz gesteckt und spinnt mächtig rum. Wir laufen weiter, aus Shelleys Hose hängt immer noch der Penis. Wir inspizieren ponyhohe Fickmaschinen eines österreichischen Herstellers, nehmen Platz auf Gynäkologiestühlen und lassen uns vorübergehend in Metallkäfige einsperren. Der letzte Schnaps folgt kurz vor Messeschluss, und wir sitzen blau hinter einem verwaisten Stand. Wir unterschreiben Autogrammkarten fremder Pornostars und winken den Messegästen zu. Ein Regenwurmmann ist gekommen, knipst stumm seine Fotos. Wir werfen ihm Kussmünder zu.

Als der Mann weg ist, kommt ein Securitymitarbeiter und herrscht uns an, die Musik leiser zu drehen. Da gucken wir ratlos, wir haben ja keine Musik, wir haben nur diese Bilder im Kopf, und irgendwie ist mir auch schlecht. Ein idealer Zeitpunkt zu gehen.

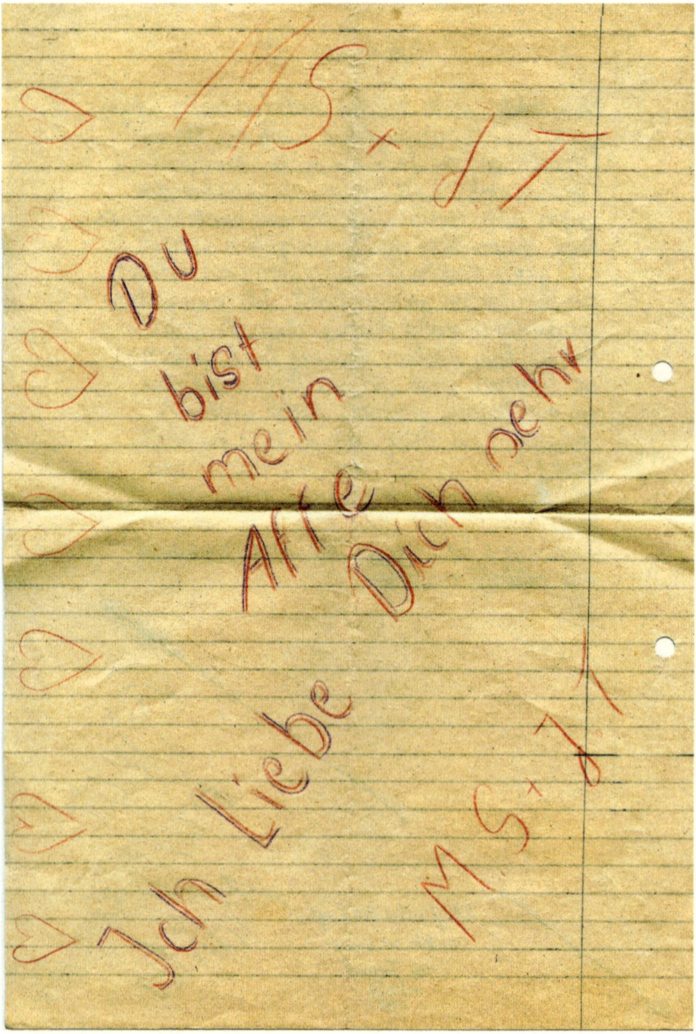
MS + JT
Du bist mein Affe
Ich Liebe Dich sehr
MS + JT

Analog

»What is Love«, fragte Haddaway ratlos, bevor seine Karriere Mitte der Neunziger den Bach runterging. Falls jemand eine Antwort auf diese Frage hat, soll er mir bitte sofort eine Nachricht per FB oder Twitter schicken. Denn bis heute verstehe ich diese Liebe nicht, und ich verstand sie noch weniger in der Pubertät. An den Erwachsenen in meiner Umgebung, abwechselnd mit Eheschließungen und -scheidungen beschäftigt, konnte ich jedoch früh schon das heikle Potential erkennen, das sich mit ihr verband. Im Alter von zwölf Jahren beschloss ich daraufhin, eine Reihe wahlloser Beziehungen mit Klassenkameraden einzugehen, sozusagen als Vorbereitung auf das, was kommen würde.

Es war vor zirka einer Woche. Ich fand Marko immer noch toll. Ich hatte ihn schon mal als Freund, und nun muss ich feststellen, dass er eine Null, Niete und blöd ist.

Marko war offensichtlich nicht mein Typ. Ich brauchte allerdings ein paar harte Lektionen, bis ich das auch verstand. Bis dahin freute ich mich immer auf den Geschichtsunterricht, denn da saßen wir nebeneinander. In diesen Stunden wurde die ostdeutsche Historie aufs

Schärfste vernachlässigt, und immer wieder hörte man Glucksen und unterdrücktes Kichern aus Bankreihe drei. Mit Linealen piksten wir uns in die Oberarme oder schoben uns winzige Zettel zu, auf denen wir unsere privaten Top-Ten-Listen austauschten. Einmal besaß Marko die Frechheit, mich auf seiner Liste der schönsten Mädchen der Klasse auf Platz vier – noch hinter Kristin, Manuela und Simone – zu platzieren.

Dieser vierte Platz war geradezu entwürdigend, insbesondere weil ich ihm zuvor auf meiner Liste den ersten Platz eingeräumt hatte. Nur mit Mühe gelang es mir, den Impuls zu unterdrücken, schreiend aus dem Klassenzimmer zu laufen. Wo solche Emotionen möglich sind, ist man auch vor Überraschungen nicht sicher. Eine davon war, dass wir wenige Stunden später wieder ein Paar wurden.

Er nannte mich seinen Affen. Das war sein Kosename. Ich sah darüber hinweg, fand es aber schon damals grenzwertig. Ich meine: Affe? Geht's noch?

Kristin hatte er sicher nie so genannt. Sie war der geheime Star unserer Klasse, ein ruhiges Mädchen mit hübschem Gesicht, langem blondem Haar und einer ziemlich dicken viereckigen Brille. Alle Jungs standen auf sie. Ich vermute mal, sie fanden sie geheimnisvoll. Einmal sagte ich meiner Mutter, dass ich nicht mehr gut sehen könne und eine Brille bräuchte. Doch der Augenarzt war anderer Meinung, ich blieb brillenlos und Kristin der Star der Klasse. So dauerte es nicht lang (zwei Wochen), bis Marko mit mir Schluss machte und mit Kristin anbändelte. Doch diese Beziehung schien ein Desaster zu sein, und als ich

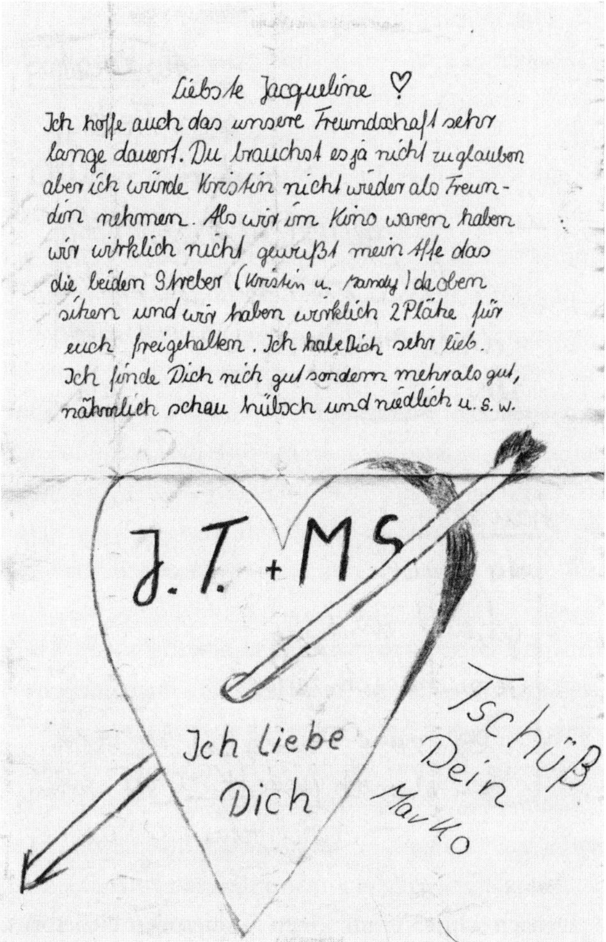

Liebste Jacqueline ♡
Ich hoffe auch das unsere Freundschaft sehr lange dauert. Du brauchst es ja nicht zu glauben aber ich würde Kristin nicht wieder als Freundin nehmen. Als wir im Kino waren haben wir wirklich nicht gewußt mein Affe das die beiden Streber (Kristin u. Sandy) da oben sitzen und wir haben wirklich 2 Plätze für euch freigehalten. Ich habe Dich sehr lieb. Ich finde Dich nich gut sondern mehr als gut, nähmlich schau hübsch und niedlich u. s. w.

J. T. + M S

Ich liebe Dich

Tschüß
Dein
Marko

ihn kurz darauf in Geschichte wiedersah, war mein Banknachbar kaum wiederzuerkennen. Er gab sich ungewohnt wortkarg, wirkte angeschlagen und sah auch sehr blass aus. Ich fragte, was los sei, daraufhin schob er mir diese Zettel zu:

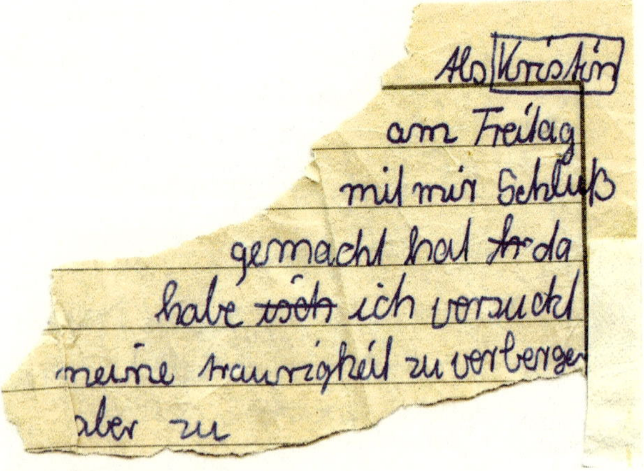
Als Kristin
am Freitag
mit mir Schluß
gemacht hat ~~tr~~ da
habe ~~sich~~ ich versucht
meine traurigkeit zu verbergen
aber zu

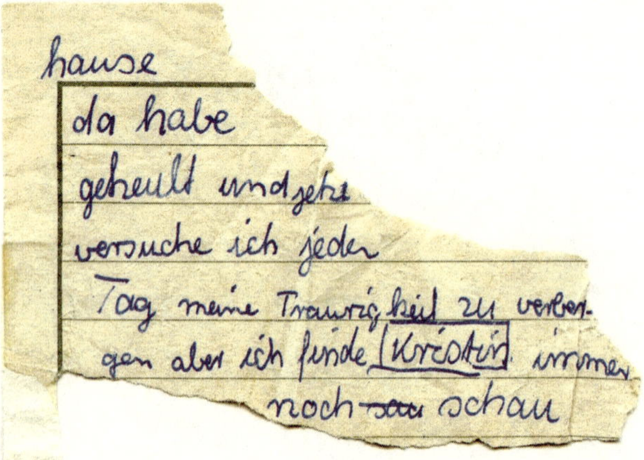
hause
da habe
geheult und jetzt
versuche ich jeden
Tag meine Traurigkeit zu verber-
gen aber ich finde Kristin immer
noch ~~sau~~ schau

Danach schrieb er mir einen ausufernden Liebesbrief. Ich hatte mich natürlich gefreut, blieb aber skeptisch, und als ich ihm im Unterricht – natürlich wieder per Zettel – schrieb: »Marko, ich glaube, du hast immer noch Kristin lieb«, antwortete er: »Das weißt du ganz genau, geh mir nicht auf'n Sack, du blöde Kuh!«

Hiernach hatte ich erst mal genug vom undurchsichtigen Gefühlsleben heranwachsender Männer und beschloss, mich auf gleichgeschlechtliche Kontakte zu konzentrieren. Ich dachte, das würde einiges einfacher machen. Leider hatte ich mich geirrt und in einem komplizierten Geflecht aus Intrigen, Verlangen und unseriösen Tauschgeschäften verlor ich, in wöchentlicher Beziehungsrotation zwischen Sabine, Steffi, Silke, Alex und Marion, vollends den Überblick. Damit es dem Leser nicht am Ende genauso geht, hier eine Zusammenfassung der wichtigsten Fakten:

Marko war ein Opfer seiner eigenen verworrenen Gefühle, pubertierende Mädchen sind kompliziert, und H-Milch ist das Getränk, das ich bis heute am meisten verabscheue – H wie Hass-Milch! Dennoch stand es zu Hause gelegentlich in unserem Kühlschrank, und die Annahme, dass H-Milch als Calciumträger dem Knochenwuchs zuträglich sei, ließ mich, Zweitkleinste in der Klasse, Dinge tun, die offenkundig wenig Freude bereiteten. Schlecht gelaunt setzte ich mich nach der Schule mit einem 0,5 Liter Glas vor den Fernseher. Gerade lief eine Wiederholung von *Formel Eins*, moderiert von Peter Illmann. Die Stimmung verbesserte sich augenblicklich und die Musikvideos zogen mich in ihren Bann. Ich begann, vor dem Fernsehgerät Bewegungen und Mimiken der Popstars nachzuahmen. Beinahe synchron mit Madonna rekelte ich mich zu »Lucky Star« – Madonna mit Haarschleife und schwarzem Netz-Top auf beleuchtetem Tanzboden, ich im Pulli vom VEB Kombinat Textima auf dem Linoleumfußboden unserer Wohnung. Die Katze sah irritiert vom Sofa aus zu, und ich vergaß, mich am Fußboden abarbeitend, die Ärgernisse von Schultagen wie diesem. Denn heute hatte ich schon wieder Streit mit Stefanie. Es war nicht der erste zwischen uns, dabei waren wir doch erst seit vier Tagen zusammen.

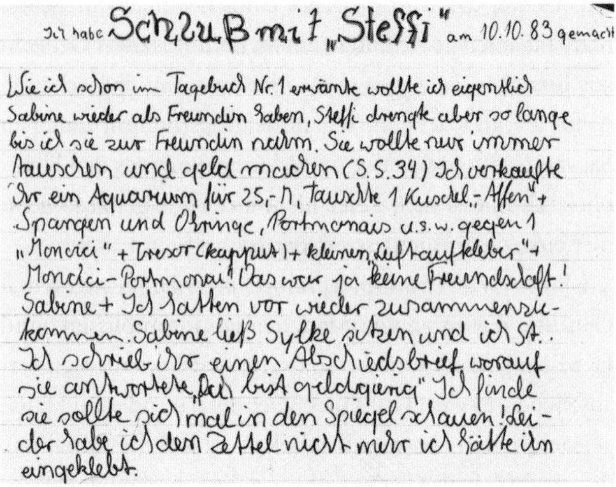
Ich habe Schluß mit „Steffi" am 10.10.83 gemacht

Wie ich schon im Tagebuch Nr. 1 erwänte wollte ich eigentlich
Sabine wieder als Freundin haben, Steffi drengte aber so lange
bis ich sie zur Freundin nahm. Sie wollte nur immer
tauschen und geld machen (S. S. 34) Ich verkaufte
ihr ein Aquarium für 25,- M, tauschte 1 Kuschel„-Affen"+
Spangen und Ohringe, Portmonais u.s.w. gegen 1
„Moncici" + Tresor (kapput) + kleinen „Luftaufkleber" +
Monchi-Portmonai! Das war ja keine Freundschaft!
Sabine + Ich hatten vor wieder zusammenzu-
kommen. Sabine ließ Sylke sitzen und ich St.
Ich schrieb ihr einen Abschiedsbrief worauf
sie antwortete „Du bist geldgierig" Ich finde
sie sollte sich mal in den Spiegel schauen! Lei-
der habe ich den Zettel nicht mehr ich hätte ihn
eingeklebt.

Als ob die Situation nicht schon kompliziert genug gewesen wäre, bekam ich auch noch Post von Jan H. Jan und ich sind zusammen in die 1. Klasse gegangen. Manchmal, wenn es regnete, schaufelten wir Modder aus trüben Pfützen in Astrid Baumanns Schulranzen oder hingen nach der Schule bis zum Abendbrot bei ihm ab. Ich schätzte Jan vor allem als aufmerksamen Zuhörer. Ich dachte mir wahnsinnige Geschichten aus, von einem tollwütigen Affen, der bei mir zu Hause versteckt auf dem Dachboden lebte und inzwischen die ganze Bude in Schutt und Asche gelegt hatte. Deshalb wäre ich auch lieber bei ihm zu Hause, hatte ich ihm erzählt. Dann zog ich um und der Kontakt brach ab. Jans Brief kam dann, Jahre später, nicht aus heiterem Himmel, sondern nach einer zufälligen Begegnung bei der Feriendisco.

Ich hatte ihn nicht gleich erkannt, er war ziemlich auseinandergegangen. Er hatte die Nerven, mich als Erstes nach dem Affen zu fragen. Dann wollte er auch noch mit mir tanzen. Was sollte ich sagen, ich war nicht in Stimmung! Offenbar hat er meine Ablehnung nicht so gut verkraftet:

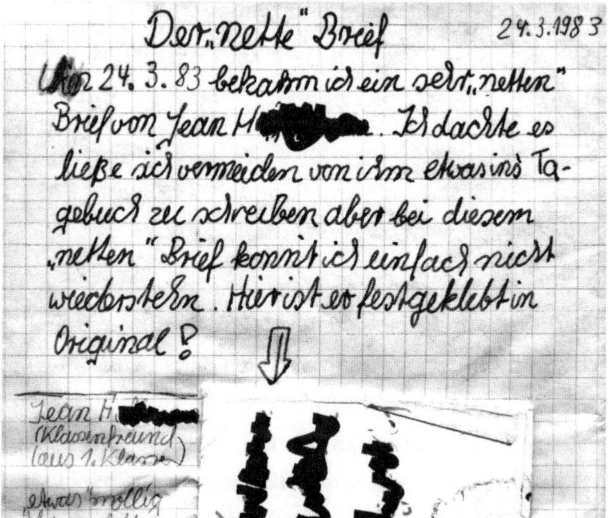

Der „nette" Brief 24.3.1983

Am 24.3.83 bekam ich ein sehr „netten" Brief von Jean H[redacted]. Ich dachte es ließe sich vermeiden von ihm etwas ins Tagebuch zu schreiben aber bei diesem „netten" Brief konnt ich einfach nicht widerstehen. Hier ist er festgeklebt im Original!

Jean H[redacted] (Klassenfreund) (aus 1. Klasse)

„etwas" mollig

kurze glatte, blonde Haare (12)

Jean H[redacted]

Zur Verteidigung: Ich trau' mich sehr wohl mit Jungs zu tanzen aber nur wenn sie nicht aussehen wie Hefeklöße!

47

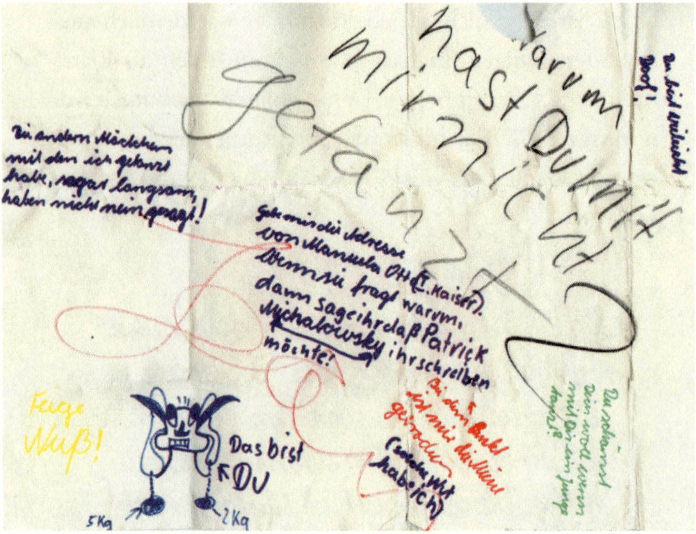

Die Skizze sollte eine Kuh mit einem 5kg und einem 2kg schweren Ohrring darstellen – mich.

Selbstverständlich hat Jan von mir nicht die Adresse von Manuela O. oder sonst irgendjemanden zugeschickt bekommen. Wer war eigentlich Manuela O.? Doch Wutbriefe und Beziehungsquerelen sollten ohnehin keine Rolle mehr spielen. Ich saß auf dem Sofa, es lief *Formel Eins* und vor mir stand ein Glas verhasster H-Milch, deren wachstumsfördernde Wirkung sich mit einem Mal entladen würde. Das Glas kippte um, die H-Milch lief über den Wohnzimmertisch. Es war die Wucht eines frühpubertären Hormonschubs, ausgelöst durch das Antlitz eines geschminkten Mannes im West-TV. Die von Peter Illmann angekündigte Videopremiere schlug ein wie der Blitz. Den Refrain »Do You Really Want To Hurt Me«, formte ich lautlos mit den Lippen nach, während ich langsam und unaufhaltsam einer überbordenden Fan-Liebe zum damals noch jungen Boy George verfiel.

Den Rest des Tages konnte ich an nichts anderes mehr denken als an jene Gestalt, die mit dramatischer Frisur und melancholischem Blick singend einen Swimmingpool durchschreitet. Aufgewühlt beschloss ich beim Zubettgehen, dass es Zeit wäre für einen ersten, echten Mann in meinem Leben. Er sollte schwarze Extensions und ein feminines Make-up tragen.

Ab sofort wurden neue Prioritäten gesetzt und die aufflammende Pubertät forderte adäquate Maßnahmen. Von nun an wurde ausschließlich Marion, Spitzname »Zschirpi«, die Klassenkameradin mit den größten Brüsten der POS 47 an meiner Seite gesichtet.

Die neue Regel war einfach: je älter ein Junge, desto interessanter. In der Schule war es zudem eine Respekt schaffende Maßnahme, mit Jungs und Mädchen aus den höheren Klassen abzuhängen. Nicht, dass es schon so weit gewesen wäre, noch umging man uns kindhafte Viertklässler während der Pausen weitläufig, wie eine Kolonie Lepra-Kranker auf dem Schulhof. Aber Heiko aus der 6 a hatte bei der Einweihungsparty der neuen Turnhalle einen entscheidenden Schritt gewagt. Bald würden auch die Mädchen der höheren Klassen meinen Namen kennen – der gesellschaftliche Aufstieg stand unmittelbar bevor, ein Leistungsabfall bei Frau Grommek im Fach Russisch leider auch …

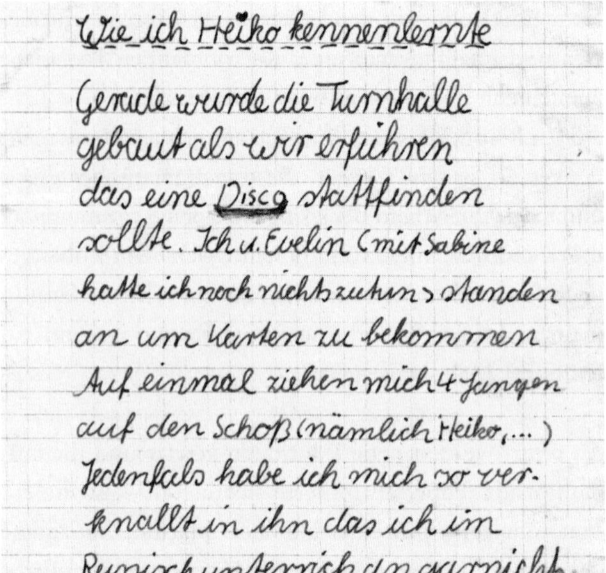
Wie ich Heiko kennenlernte

Gerade wurde die Turnhalle
gebaut als wir erfuhren
das eine Disco stattfinden
sollte. Ich u. Evelin (mit Sabine
hatte ich noch nichts zutun) standen
an um Karten zu bekommen
Auf einmal ziehen mich 4 Jungen
auf den Schoß (nämlich Heiko, ...)
Jedenfals habe ich mich so ver-
knallt in ihn das ich im
Russischunterrich an garnichts
anderes mehr denken kon-
nte, in der Pause kuckten
sie immer ganz dämlig zu
mir, u.s.w

(Ich hatte noch sehr viele
Erlebnisse doch wenn ich
sie alle Aufschreiben wurde.

4

Eines nachmittags an einer Tischtennisplatte im Wohngebiet Waldstadt II. Eine Gruppe Zwölfjähriger stand beieinander. Depeche Modes »Master and Servant« hallte blechern aus Marcells Ghettoblaster. Eine winzige Person mit toupierten Locken schaute ernst in die Runde und rauchte keine Zigarette. Ich vertrug keine Zigaretten, wie ich in der Woche zuvor, während eines privaten Experimentes im Keller hatte feststellen müssen. Den ganzen Tag lang hatte ich über dem Klo verbracht. Ich war so unzufrieden! Seit einiger Zeit spürte ich die Veränderungen, die in meinem Kopf stattfanden und denen ich Rechnung tragen wollte. Die Pubertät klopfte laut an meine Tür, und ich wollte, nein – ich musste! – endlich öffnen.

Den längst überfälligen Wachstumsschub (Brust, Po, Körperlänge sowieso) versuchte ich, wie gesagt, durch den Verzehr von literweise H-Milch auszulösen – mit mäßigem bzw. keinem Erfolg. Ich blieb die zu allem bereite Frau, die im Körper einer unterentwickelten Zwölfjährigen mit Zigarettenallergie feststeckte. Solange sich das Schicksal derart ungnädig zeigte, bediente ich mich unterschiedlicher Methoden, den biologischen Engpass zu überbrücken. Ich trug die zu großen Blusen meiner Mutter und knüpfte, wie schon erwähnt, eine Zweckfreundschaft mit Zschirpi. Von Anfang an war klar, dass Zschirpi ein Miststück war und es ihr nicht im Traum einfallen würde, für mich da zu sein, wenn es darauf ankäme. Doch Zschirpi verfügte neben einem beachtlichen Busen über eine geringe Hemmschwelle Typen gegenüber (»Ey, ick komm dir gleich rüber!«). Zudem war sie eine Meisterin des plumpen Flirts. Sie wirkte permanent sexuell interessiert. Im Winter trug sie diese aufgepuffte Steppweste in Rosa, dazu farblich passende Stulpen und Lipgloss – zuletzt trug sie eine Frisur, die der des Sängers Limahl (Kajagoogoo) ähnelte, wobei die Kopfhaare seitlich dunkel eingefärbt und das Deckhaar blond und mit sehr viel Haarspray zu einer Art Palme frisiert wurde. Ich war Zschirpis größter Fan. Vielleicht der einzige, denke ich inzwischen manchmal.

Zschirpi wiederum nutzte mich als harmlos wirkenden Lockvogel, der hier und da für sie Botengänge in die Männerwelt erledigte. Am Ende profitierten wir gegenseitig und man erlebte in Hochhausfahrstühlen, Hauseingängen und an öffentlichen Plätzen eine Reihe fragwürdiger Abenteuer allesamt mit Schwerpunkt *Jungs im Alter zwischen 13 und 16 Jahren.*

Marion kam kurz nach 12 zu mir. Wir räumten schnell auf und gingen los (ich griff noch schnell mein Miniradio). Wir hatten Musik an und latschten durch Waldstadt I, aber es wollte uns einfach nicht gelingen, ein kleines Abenteuer zu erhaschen. Wir sind schon Jungs nachgelatscht, aber nichts … Wir wollten schon aufgeben, doch da: 3 Jungs schätzungsweise 14, 15-jährig. Es war noch einen Versuch wert. Wir sind zirka 20 Schritte hinterher gelatscht, als ich mein Miniradio anstellte und krankhaft versuchte einen vernünftigen Ton herauszubekommen. Nun ja. Die Jungs haben es mitbekommen und stellten volle Pulle ihren »duften« Stereo-Rekorder an (Rod Stewart und so). Sie blieben auf einmal stehen und wir mussten an ihnen vorbei. Sie sprachen uns an, machten sich über Marions Stirnband lustig, fragten, wie alt wir sind usw. Die drei Kerle sahen von nahem »etwas« anders aus wie von weitem. Der 1. war dünn und trug 'ne Brille (Spitzname »Herkules«), der 2. war abgebrochen und schielte, der 3. war groß und kräftig (sah ganz niedlich aus) und hatte Liebeskummer. Alle 3 waren stinkbesoffen von 2 Flaschen Wein. Sie boten uns Zigaretten an, wir lehnten ab. Sie boten uns Wein an, wir lehnten ab. Sie boten uns Schokolade an, und auch das lehnten wir ab. Es war aber ziemlich bescheuert mit denen! Dennoch habe ich sie Silvester eingeladen (Sie sollten noch ein paar Leute mitbringen). Mal sehen, ob die kommen.

Zwei von ihnen kamen tatsächlich. Ich kann mich kaum noch an den Abend erinnern. Ich vermute, das Gehirn setzt ab einem bestimmten Level an unbefriedigenden Situationen eine Erinnerungsschranke ein, damit man einmal auf das Leben zurückblickend sagen kann: Sieh an, was hatte ich doch für eine grandiose Zeit!

Und genauso würde ich es wohl sehen, hätte ich nicht so pingelig Tagebuch geführt.

Dann wüsste ich heute nicht mehr, dass dieser Herkules sämtliche Minibuletten aufaß, bevor er mit seinem Kumpel, ohne Tschüss zu sagen, abgezogen ist. Den Jahreswechsel verbrachten wir dann vor dem Fernseher. Wir aßen den letzten verbliebenen Rest Erdnussflips und sahen eine Silvestergala, in der kurz nach ein Uhr Laura Branigan angekündigt wurde. In einem engen schwarzen Kleid lief sie eine Showtreppe hinunter. In blau angeleuchteten Nebelschwaden tanzten männliche Angestellte des Fernsehballetts zu dem Beat von »Self Control«. Auf dem Höhepunkt der Performance sackte sie mit einem Tänzer auf dem Boden der Fernsehbühne zusammen. Mein Englisch war nicht besonders, aber meine Freundin Zschirpi sagte, Laura Branigan sang über den Kontrollverlust mit verschiedenen Kreaturen der Nacht. Ich weiß noch, dass ich ziemlich beeindruckt war. Dann war da nur noch Nebel: im Fernsehstudio, in meiner Hirnregion und über den wesentlichen Fragen der Liebe.

4

Gute Orte, schlechte Orte

(und warum schlechte oft die besseren sind)

Zur richtigen Zeit am richtigen Ort? Sorry, aber das kann jeder. Den falschen Ort zur Unzeit erkunden, das ist die wahre Herausforderung! So landete ich seit frühester Kindheit in Situationen, die einen nachhaltigen Eindruck bei mir hinterließen. Viele dieser Orte würde ich vermutlich nie wieder, zu welchem Zeitpunkt auch immer, betreten.

Meine Ausflüge führten mich durch die ganze Republik, in die speckigen Ecken des World Wide Webs, in Keller zerbrochener Diktaturen oder nur wenige Straßen weiter. Als Pubertierende traf ich mich zu heiklen Verabredungen in einem Kleiderschrank, und als Neuwestdeutsche servierte ich Getränke in einem ehemaligen Nazibunker. Im wohlhabenden wie konservativen Berliner Bezirk Grunewald erlitt ich auf Reportermission einen schweren Gesellschaftsschock und erholte mich anschließend bei der Seniorenmesse im schönen Potsdam auf einer Krankenliege. Interessanterweise begegnen mir in der letzten Zeit immer wieder Menschen, die sich in jammerndem Unterton über ihren allzu gleichförmigen Alltag beklagen. Diese Leute haben mein Mitgefühl. Egal, wie sehr sie sich bemühen, ihr Leben führt sie immer nur zur richtigen Zeit an richtige Orte. Doch dies besänftigt auf Dauer höchstens die eigenen, stets besorgten Eltern, nicht jedoch den persönlichen Entdeckertrieb, und meist ist eine tiefe Sinnkrise die Folge. In den Bars deutscher Groß- und Kleinstädte sieht man sie abends sitzen und grübeln. Wortlos starren sie in ihr Glas. Es ist, als hörte man sie fragen: »Warum geht es mir immer nur gut? Warum ist es immer nur gemütlich? Warum habe ich immer genügend Geld? Und warum langweilt mich das so?«

Auf all diese Fragen habe ich keine Antworten. Ich vermute allerdings, dass der Besuch eines falschen Ortes zur falschen Zeit eine vitalisierende Wirkung haben kann und einem im Idealfall die eigene Glückseligkeit mit einem Paukenschlag vergegenwärtigt. In der Summe kann man sagen, ich befand mich an sehr vielen schlechten und einigen guten Orten und dokumentierte dies für die Nachwelt im Tip, einem Magazin, das an guten wie schlechten Orten in Berlin und Brandenburg käuflich zu erwerben ist.

Jackie Asadolahzadeh

Geboren: am 28.9.1973 als Jacqueline Pischert in Brandenburg

Sternzeichen: Hammer und Zirkel im Ehrenkranz

Alter: 12 Jahre

Spitzname: Tutti Frutti

Hobbys: Kinderfasching, Schuldiskothek, Party im Jugendclub Otto Nagel

Beziehungsstatus: wöchentlich wechselnd

Letzter Drink: 0,5 Liter Kinderbowle

Letztes Buch: „Detektiv Pinky" von Klaus Vonderwerth

Kontostand: 150 Ostmark (von Oma, Sparkasse)

Bankinformation: Der Sparkassenverband der DDR informiert: „Jeder Sparvertrag ist eine nationale Tat! Sparen Sie 3% Ihres Einkommens und gewinnen Sie eine Wohnung an der Stalinallee!"

Digital

Guter Ort: Luftschutzbunker

Mit meiner Mutter bin ich aus der DDR im Trabant Richtung Prager Botschaft geflüchtet, drei Monate vorm Mauerfall. Meine Mutter wollte eine bessere Zukunft für ihre Familie, ich wollte den Westen, so wie ich ihn aus dem Werbefernsehen kannte, mit Coca-Cola, Snickers, Fa-Duschgel und Bacardi-Rum-Partys an weißen Sandstränden in der Karibik.

Einige Zeit später landete ich dann in Berlin in einem fensterlosen Exnazibunker. Bei Ravepartys jobbte ich hier als Tresenkraft und verstand die Welt nicht mehr. Es wollte mir nicht in den Kopf, wieso die Leute, endlich wiedervereint und gemeinschaftlicher Bestandteil der anziehenden Glitzerwelt des Kapitalismus, ausgerechnet in einem finsteren Luftschutzbunker feiern wollten. Es dauerte eine ganze Weile, bis ich verstand, worin der Reiz des Ortes lag.

Bis dahin war die Zeit dort von Missverständnissen geprägt. In Plastikbechern schenkte ich Wodka-Redbull an Raver in schlabberigen T-Shirts aus. Während ich von den künstlichen Welten des vergangenen 80er-Jahre-Disco-Glamours träumte, von flirrendem Goldregen, verspiegelten Tanzflächen und exzentrisch gestyltem Publikum, feierte die große Mehrheit des Bunkerpublikums ungestylt und kahlköpfig in freudloser Kulisse unter zu flachen Decken.

Die Kids der aufkommenden Ravesociety tanzten im Erdgeschoss zu Sets von Kid Paul oder André Galluzzi. Oft wurden dabei Leuchtstäbe geschwenkt und »E« geklinkt. E wie Ecstasy war Anfang der Neunziger das große Ding, und selbst dumpfe Testosteronglatzen wirkten unter Einfluss der Droge plötzlich anschmiegsam und anhänglich wie Kätzchen. Dass Ecstasy das Gehirn aufweicht und auch sonst nicht gerade intelligenzoptimierend wirkt, sollte sich erst später, für manchen auch zu spät, herausstellen. Vorher standen jede Menge bleicher Gestalten an der Bunkerbar und versuchten, auf die eine oder andere Art Rekorde zu brechen. Einmal hielt sich ein schmaler Raver hier am Tresen fest. Sein Haar sah seltsam aus. Es war elektrisch aufgeladen und stand nun, wie feine elektrisierte Fäden, in alle Richtungen ab. Er teilte mir nicht ohne Stolz mit: »Ey, ich hab gerade die 12. E geschmissen!« Ich war einiges gewohnt, aber nun doch etwas besorgt, und gab ihm ein Mineralwasser aus. Eine Treppe höher war wie jeden Samstag der BPM-technische Wahnsinn im Gange. Hier amüsierten sich Typen in Camouflagehosen in schwarz gestrichenen Räumen zu hyperschnellen Hardcore Tracks vom Gabba-DJ. Das Zucken und Zappeln zu schmerzhaft lauten maschinengewehrsalvenartigen Bässen in totaler Finsternis wirkte auf mich beklemmend. Dass die Gabbaszene zu gefühlten 99 Prozent aus Männern bestand, passte ins Bild, und mehr als einmal dachte ich, der Gabba-Sound wäre nichts anderes als eine zur Schau getragene Schwanzverlängerung: »Da, schau her, ich bin stahlhart. Es ist eine Scheißmusik, aber ich halte die Lautstärke und bpm-Zahlen durch!« Vielleicht habe ich aber auch einfach nichts verstanden. Musste ich auch nicht, Respekt war ja dennoch vorhanden. Er basierte auf der Konsequenz, mit der hier die Dinge umgesetzt wurden, im ganzen Haus – und auch auf dem Gabba-Floor. Der Bunker war ein Ort, in dem es immer ums Ganze ging, wie gemacht für das Ausloten von Grenzen und Regeln, Kontrollverlust und Schmerz. Die heutigen Berghain-Chefs veranstalteten hier ihre frühen Herren-Sex-Partys *Snax*, während sich ungefähr zeitgleich die SM- und Fetischszene in einer anliegenden Baracke einrichtete, dem kleinen Ex-Kreuz-Club. Samstags traf sich hier erwachsenes Publikum in Gummi- oder Lackklamotten, um den drei speziellen ›F‹ zu frönen: Feiern, Ficken, Fisten. Anfangs hatte mich der Anblick ziemlich schockiert. Einer Frau, die während hier ausgetragener sexueller Merkwürdigkeiten mit nacktem Unterleib in einer Ecke kniend, besonders laut stöhnte, wollte ich sogar mal einen Krankenwagen rufen. Zum Glück klärte man mich rechtzeitig auf. Ein paar Wochen später aß ich unbeeindruckt mein mitgebrachtes Pausenbrot im Büro, während sich nebenan masturbierende und mit Nadeln gespickte Halbnackte stöhnend und schreiend im Lustsumpf wälzten.

An den Sonntagen wurden dann Gynäkologiestuhl und Folterbank an den Rand gerückt, um Platz für Künstler und ihre Stand-up-Performances in *Dr. Seltsams Nachtcafé* zu schaffen. Kleinkunst im SM-Ambiente funktionierte nämlich auch ziemlich gut, und das Nachtcafé war regelmäßig überfüllt. Die besten Momente waren allerdings jene, wenn

Beteiligte der unterschiedlichen Nischen aufeinandertrafen. Ich erinnere mich daran, wie eine 1,90 Meter große blonde Frau in schwarzen Locklederstiefeln einen auf allen vieren kriechenden nackten Mann mit Ledermaske wie ein Hündchen an der Leine über den Hof führte. Sie stolzierte vorbei an einer Gruppe Ravekids in nassgeschwitzten T-Shirts mit der Aufschrift: *Bunker – The Hardest Club On Earth*. Direkt vor den Jungs stoppte die Domina einen Moment. Man grüßte sich und tauschte Belanglosigkeiten aus, so ähnlich wie am Postschalter oder in der Schlange beim Bäcker. Ich mochte diese Szene und ahnte, dass mich die Feierkultur in Berlin noch viele Jahre beschäftigen würde.

Schlechter Ort: Fashionbloggercafé

Facebook sagt Jogginghosentag und ich mach mit – erster Fehler an diesem Tag. Mit Laptop in ein Café am Rosenthaler Platz setzen – zweiter Fehler. Es kündigt sich schon an der Ampel Ecke Torstraße an. Ein Windhund in Burberry-Jäckchen schnüffelt an meiner Sporthose. Kraftlos schaut er auf, dünne frierende Kreatur in überteuerter Jacke, ein Modeopfer mit trockener Nase – ja ist denn schon wieder Fashion-Week in Berlin? In düsterer Stimmung betrete ich das Haus am See, ein Internetcafé ohne Wasserzugang, bestelle keinen Latte Macchiato – stattdessen: stiller Protest inmitten von IT-Accessoires-Bestückten.

Der sonst recht gemütliche Platz ist jetzt Ort hektischer Betriebsamkeit, ein Bienenstock für jugendliche Informationsvermittlerinnen aus der Modewelt. Die heutige Veranstaltung nennt sich *Fashionbloggercafé*, und eigentlich könnte ich dankbar sein, dass mein ausgebeulter Jogginghosen-Arsch zufällig in diesem zeitgeistphänomen-verdächtigen und über Facebook promoteten Event landete. Angeregte Gespräche entspinnen sich zwischen Mädchen aus München, Essen und Hamburg. Es sind Kinder aus gutem Haus mit gesunden langen Haaren und hochwertigen Lederhandtaschen. In Grüppchen stehen sie an der Bar und fotografieren sich gegenseitig in aktueller Markenmode: dunkle Leggins und Westen mit Pelzbesatz – Housemusik mit Saxophonbegleitung läuft im Hintergrund.

»Boah, in einer Stunde muss ich bei der Bread and Butter sein, vorher noch umziehen – das schaff ich nie!« Sorgenfalten auf der Stirn einer Neunzehnjährigen. Dahinter wird eine Bloggerin beim Interview gefilmt. Ein untersetzter Mittzwanziger, einer der wenigen Männer vor Ort, beobachtet das Geschehen mit einer Gala unterm Arm, die Spitzen seiner Entenschnabelschuhe sind leicht nach oben gerichtet, womöglich ein Mitarbeiter von München TV oder Arte. Wo man hinschaut, gutsituierte Mädchen, die davon träumen mit dem eigenen Modeblog groß rauszukommen und irgendwann wie die berühmten Vorbilder bei den Shows in Paris und Mailand in der ersten Reihe zu sitzen. Man braucht kein Experte zu sein, um zu verstehen, dass es einen adäquaten finanziellen Rahmen braucht fürs Hobby rund um Louis-Vuitton-Bags, It-Pieces, Digitalkamera und Laptop – ein gutsituiertes und wohlmeinendes Elternhaus.

Fashionblogging ist ein Oberschichtenphänomen. Das sieht man auch am vorgeführten Kleidungsstil: angepasst, krawallfrei und bieder, stellvertretend für einen Teil der

Gesellschaft, der am ehesten in sauberen Jugendzimmern westdeutscher Reihenendhäuser zu finden ist. Aber vielleicht befinde ich mich auch nur auf der falschen Veranstaltung und mein Urteilsvermögen wird vom Stimmungstief »Erna« überschattet. Es gibt ja Ausnahmen, die Kreativen und Mutigen, wahrscheinlich nicht mal wenige – aber brauchen nicht alle die finanziellen Voraussetzungen? Zeigt mir doch mal Blogs von Fashionistas aus Berlin-Hohenschönhausen oder Duisburg-Marxloh, deren Eltern pleite, ungebildet und meinetwegen Säufer sind. Nicht dass mich Modeblogs interessieren würden, aber ähnliche Chancen für ähnliche Träume, das könnte meine Stimmung erheblich aufhellen – selbst in einer Jogginghose am Jogginghosentag.

Guter Ort: Pimpow

23.30 Uhr

Fahrer hält die Tür auf. Einsteigen in schwarzen Mercedes-Kleinbus. Der Anlass: Tourbegleitung des Künstlers Friedrich Liechtenstein zum Lifegig im Berliner Umland mit exklusiver Interviewmöglichkeit. Der stadtbekannte Entertainer verfügt über gute Kontakte in die Theater- und Technoszene und trägt am Abend eine getönte Sonnenbrille. Bin guter Dinge.

23.34 Uhr

Platzieren zwischen Tourmanager und Künstler, Play-Taste vom Aufnahmegerät drücken. Gesprächsauftakt Liechtenstein: 40 Minuten Analyse des Niedergangs der

Musikindustrie, gefolgt von Aufzählung beliebter Winterskiorte von 1979 bis 2011. Dann kurzer Piepton. Akku vom Aufnahmegerät alle. Den Rest der Fahrt ratlos an einer Flasche Vittel nippen.

1.15 Uhr

Aussteigen vorm Haus der Genossenschaften in perlmuttfarbenem Pailletten-Jackett und ohne Interview. Nachtschwarze Landschaft, keine Menschenseele. Atemluft steigt dampfend in den Pimpower Nachthimmel auf. »Umpf-umpf-umpf«, dringt es leise ans Ohr.

1.17 Uhr

Tür geht auf. Securitymann wünscht »N'Abend«. Bändchen werden ums Handgelenk geklebt, dann Luft anhalten und rein. »Umpf, umpf umpf!«, ballert es vom Hardcorefloor. Um uns Stimmengewirr, gruppendynamisches Gelächter, Camouflagejacken, T-Shirts mit Aufdruck: *Heul doch*. Wahnsinnsschlange an der Bar, meistbestellt: Wodka-Redbull. Erleichterung: kein Thor-Steinar-Shirt in Sicht.

1.20 Uhr

Auf dem Weg zum Backstagebereich vorbei an Toiletten und Frauengruppen mit Three-Color-Hair-Extensions. Katy Perry meets Brigitte Bardot meets 99er Techno-Ästhetik. Spüre musternde Blicke im Nacken. Jetzt unbedingt locker bleiben! Hüne in Bomberjacke klopft Liechtenstein auf die Schulter. Schrecksekunde, dann Erleichterung. Autogrammanfrage.

1.30 Uhr

Ankunft Backstage: oranges Licht, Spiegel an den Wänden. Puderquasten, Kristallaschenbecher und Wodka auf dem Tisch. Veranstalter, halbliegend im Sessel, wird von androgynem Boy geschminkt. Er trägt einen futuristischen Anzug, selbstentworfen – David Bowie Moment in Pimpow. Friedrich Liechtenstein, der alte Profi, drapiert sich in einem DDR-Sessel, fragt statt nach Champagner direkt nach Sekt.

1.40 Uhr

Anstoßen mit 0,2 Liter Sekt im Plastikbecher. Auf der Couch sitzend dem Backstage-Talk lauschen: »Muss morgen früh noch zum Baumarkt. Scheiße!« (Mitarbeiter) Junge Frau berichtet von Party mit Marusha: »Überhaupt nicht abgehoben, hat hier mal fürs TV gedreht, hat super geil aufgelegt – beste Party in Pimpow ever!« Es klopft. Kokain ist da.

2.00 Uhr

Auftritt Friedrich Liechtenstein – Bühnenpräsenz: groß. Partycrowd wirkt zuerst irritiert wegen stark sinkender bpm-Zahlen sowie Liechtensteins Vortrag über die Expo 96.

2.15 Uhr

Menschen tanzen, ich auch. Ein Typ im Pittiplatsch-Kostüm schleicht durch den Saal. Er fragt nach der Uhrzeit. Wir tanzen kurz. Dann die Ansage, ich solle hier warten, er hätte gleich Feierabend.

2.40 Uhr

Tourmanager hat den Mantel an, ruft im Vorbeigehen: »Zack, zack, auf geht's.« Keine Spur von Pittiplatsch. Liechtenstein steht am Ausgang und schreibt Autogramme. In einer Stunde sind wir back in Berlin.

Schlechter Ort: Grunewald

18.30 Uhr

Busfahrt in den Grunewald wegen Einladung: *Fashion Night Cocktail by Julian F.M. Stoeckel* in der Villa Starke/ Löwenpalais.

19.15 Uhr

Ankunft, roter Teppich: Gastgeber grüßt Gäste im dunklen Ensemble mit Kragen in Form eines überdimensionierten fossilen Froschfußes, Biker-Stiefeln und MCM-Handtasche. Eine Dame flüstert: »Wunderschön, oder? Der Kragen ist abnehmbar!«

19.25 Uhr

Blitzlichtgewitter. Künstler posiert, kommentiert ironisch-nasal: »Hahaha! Ich bin ein Pfau, das wisst ihr doch! Hahaha ... Da kommt ja Frau Bergen aus Hollywood, hallo! Hahaha!«

19.26 Uhr

Auftritt Birgit Bergen – vitale Seniorin und Aktrice, Rollen 1958 in *Nackt wie Gott sie schuf* oder *Das hab ich in Paris gelernt*, Küsse für den Künstler, flotte Sprüche an die Fotografen: »Hier – habt ihr den Ring drauf? Der ist von Lady Day! Hahaha!«

19.40 Uhr

Sommerplausch auf der Romantik-Terrasse und »Beauty-To-Go!«-Mineralwasser schmettern zwischen Barbara Schöne (*ZDF-Traumschiff*), Antonia und Waldemar zu Schaumburg-Lippe (Fürstenhaus-Chef) sowie »Porno-Klaus« (*Big Brother*) – Nachricht der Saison: Diademe sind oldschool.

19.55 Uhr

TV-Weddingplaner Frank Matthee äußert sich zur Fashionweek: »Superinteressante Leute! … Berlin noch am Anfang. Aber die 70er … Schlapphüte im Kommen!«

20.02 Uhr

Platznehmen im Showroom neben puppenhaft geschminkten, chirurgisch aufbereiteten Altfrauengesichtern, Trabrennbahnhüten, Silikonbrüsten, Henry De Winter und Nico Schwanz.

20.10 Uhr

Showauftakt Annemarie Eilfeld (*DSDS*), divenhafte Pose, gesangliche Forderung im Cocktailkleid: »… Seele unter Eis gefangen, hauch mir Leben ein! Heimgegangen über Stock und Stein. Ohhhoooo! …«

20.16 Uhr

Modenschau. Damen führen oft Kleider vor, Männer viel Slips und Schlipse. Mit auf dem Laufsteg: Künstlervertraute und Industriellentochter Lulu Krupp – enchanté!

21.05 Uhr

Junger Schwarzer im Slip catwalkt vorbei an alter Weißer mit Hut – »Ui!«- und »Oh!«-Ausrufe, währenddessen ich die Biografie von F. M. Stöckel überfliege:

»… schillernder Jungmime und Partygesamtkunstwerk! … wurde im Alter von 16 Jahren von der Fernsehschauspielerin Witta Pohl (*Diese Drombuschs*) durch einen familiären Zufall entdeckt … von Lea Rosh gefragt, ob er als Mitglied des Beirats in den Vorstand des Maxim-Gorki-Theaters kommen möchte … schrieb für das Magazine F die Society-Kolumne *Telegramm aus der feinen Gesellschaft* … exklusive *Berlin Lifestyle by Julian F.M. Stoeckel* Kollektion online erhältlich!

21.07 Uhr

Finale und tosender Applaus. Henry De Winter rückt Monokel zurecht, Präsenttüten-Ergreifung mit Parfüm Pussy Deluxe (penetrant) und Kugelschreiber (praktisch). Stift nehmen und krakelig in Handfläche notieren:

»Noch verheerender, als geschmacklos zu sein, ist, geschmacklos und wohlhabend zu sein, da hier durch entsprechende finanzielle Möglichkeiten das Geschmacklose opulent und in zutiefst dramatischen Verirrungen aufbereitet werden kann.«

Dann Jacke an und los.

Guter Ort: Tanzcafe Keese

Es gibt ein Mittel, sich auf einer Party wieder jugendlich fit und unverbraucht zu fühlen. Man wechselt die Location und geht einfach dorthin, wo Gäste voraussichtlich sehr alt sind – soweit die Theorie. Die von der Programmredaktion weitergeleitete Einladung zu einer Veranstaltung namens *Seniorenkaraoke* kam mir daher gerade recht.

Am Tag des Events treffe ich gegen 17 Uhr mit meiner Begleitung vorm Tanzcafe Keese ein.

Wir sind spät dran, teilt man uns am Einlass mit. Die Rentnerposse feiert schon seit 15 Uhr.

Zu allem Ärger will uns der Türsteher nicht reinlassen. »Zu jung, was?«, frage ich forsch nach, doch es sind die Turnschuhe meines Freundes, die dem Türsteher missfallen. Ich sehe mich gezwungen, das Notfallprogramm zu starten. Dabei plustere ich mich auf, halte einen Vortrag über Pressefreiheit und den Auftrag von Berlins auflagenstärkstem Stadtmagazin, bis der Mann uns – Triumpf! – tatsächlich durchwinkt. Die Türen öffnen sich, und gut gelaunt betreten wir den Tanzsaal, ein Paralleluniversum, bestehend aus rotem Plüsch, pinkfarbenen Tischtelefonen und brokatdurchwirkter Tapete.

Die Discokugel über der Tanzfläche wirft flirrende Lichter auf die Wände und den daran befestigten Motiven aller zwölf Tierkreiszeichen in Gold. Ich schwöre, noch nie habe ich etwas Derartiges gesehen! Ganz ähnlich könnte das Schlafzimmer von Starastrologin Elisabeth Tessier eingerichtet sein oder der Gym-Bereich von Harald Glööckler. Ehrfürchtig setzen wir uns an den letzten freien Tisch, direkt neben der Tanzfläche. Als Erstes bestellt mein Freund ein Kaffeegedeck, bestehend aus einem Kännchen herzschonenden Filterkaffee und einem Stück Käsekuchen für neun Euro noch was – neun Euro? Ich komme gar nicht dazu, mich über den Preis aufzuregen, denn das Tischtelefon klingelt.

Die Person am anderen Ende der Leitung ist nicht zu verstehen, weil seit einigen Minuten ein 86-jähriger Gast auf der Bühne steht und mit beachtlichem Vibrato und begleitet vom Hausorchester zum dritten Mal in Folge einen Song namens »Bella Maria« in sein Karaoke-Mikrofon singt. »Ich verstehe Sie nicht!«, rufe ich in die Muschel und hänge den Hörer wieder ein.

Meiner Begleitung und mir ist wegen all des Glitzers und des Orchesters inzwischen recht feierlich zumute. Wir blicken über ein Meer weißer Haarschöpfe, die Gesichter dazu wirken gepflegt, man lächelt uns zu.

Ein Großteil der Alten ist offenbar gut in Schuss und sieht gesünder aus als so mancher Stammgast der Panoramabar. Als ein Moderator die Tanzfläche eröffnet, stürmen vor allem Rentnerinnen das Parkett. Der hohe Frauenanteil der Veranstaltung machte meiner Begleitung von Anfang an Sorge – zu Recht, wie sich nun herausstellt.

Lou Bega tönt aus den Boxen, als eine agile 60-Jährige quer über die Tanzfläche auf meinen Partner zustürmt und ruft: »Ach, kommen Sie doch tanzen, das Lied spielen sie so selten!« Er windet sich raus, sagt, er müsse noch seinen Kuchen aufessen. Als eine andere Dame bei Roland Kaisers »Santa Maria« nachfragt, hat er nur noch Krümel auf dem Teller. Die nächste halbe Stunde sehe ich meinen Freund mit wechselnden Seniorinnen mal im Discofox, mal Boogy-Woogy-mäßig über die Tanzfläche huschen. Dann, plötzlich, bricht er ab. Die Tanzpartnerin begleitet ihn zurück an unseren Tisch. Statt sich zu setzen, bleibt der Freund stehen und stützt sich mit den Händen auf der Stuhllehne ab. »Was ist los?«, frage ich. Er schaut nur bekümmert zu Boden. »Der Rücken wahrscheinlich«, antwortet die Rentnerin.

Schlechter Ort: Bad Wilsnack

In Plastikschlappen betrete ich die Kristalltherme Bad Wilsnack, mein Garderobenschlüssel baumelt am Handgelenk. Nach Monaten Clubrecherche bin ich fix und fertig, ein Discowrack und reif für die Insel. Leider reichen die finanziellen Mittel für die Malediven nicht aus, also muss die Prignitz zur Regeneration herhalten.

Die Therme wurde mir von verschiedener Seite empfohlen. Beim Anblick der knautschgesichtigen Senioren im Wasser frage ich mich allerdings, warum. Ich wechsle nach nebenan in die Saunalandschaft. Hier ist das Publikum gut gemischt und ausschließlich nackt. In einer Ecke sitzen auf rustikalen Hockern zwei Mittfünfziger und trinken Pils. Die Männer mit prallen weißen Bäuchen und dünnen, fast verkümmert wirkenden Beinchen, sind auf Beobachtungsposten. Sie starren rüber zum Whirlpool, dort albert gerade ein junger Mann mit seiner Freundin herum. Ihre Brüste wippen fröhlich, wie zwei Luftballons über dem Wasserspiegel. So etwas hatte ich bisher nur in Comics oder an Pamela Anderson gesehen, aber auch hier im Osten wird mittlerweile anscheinend aufgerüstet. Von einem Liegestuhl aus lasse ich das für eine Saunalandschaft recht unkonventionelle Ambiente auf mich wirken. Der rot-plüschig dekorierte Raum rund um den Pool mit der planschenden Tittenmaus im Zentrum sowie der abseits gelegenen Bar mit Raucherecke wirkt auf mich fast wie ein Puff oder ein Swingerclub, im Grunde jedoch nicht ungemütlich. Nach dem zweiten Saunagang fühle ich mich tatsächlich entspannt.

Nackt und rot wie ein Hummer bestelle ich mir an der Raucherbar einen Saft. Unauffällig schaue ich an meinem Körper herunter und muss dabei feststellen, dass sich meine derzeitigen drei Kilo Übergewicht ausschließlich am Bauch festgesetzt haben, und ich mich so für einen öffentlichen Nacktauftritt eigentlich noch nicht bereit fühle. Da tippt mir jemand auf die Schulter.

Es hat immer etwas Alptraumhaftes, auf Bekannte in der Sauna zu treffen, aber nackt und rot auf den ehemaligen Arbeitgeber in Herrenrunde zu stoßen, katapultiert mich in bisher unerreichte Dimensionen des Schamgefühls. Ich kann mich nicht entsinnen, wann mir zuletzt etwas derart peinlich war wie in jenem Moment, als der Plattenchef mich hier den Kollegen vom Musikvertrieb vorstellt.

Wie üblich im Businessmeeting schüttele ich ordnungsgemäß die Hände. Wir fachsimpeln über I-Tunes und IP-TV-Formate an der Bar, wobei ich mich bemühe, möglichst nicht auf primäre Geschlechtsmerkmale einzelner Gruppenmitglieder zu starren. Nach fünf Minuten verabschiede ich mich mit dem Hinweis auf einen nahenden Geschäftstermin und verlasse fluchtartig die Sauna.

Im Zug zurück nach Berlin beschließe ich, Bad Wilsnack nicht mehr zu besuchen. Für plüschiges Ambiente mit Whirlpool und Raucherecke genügt auch schon eine Fahrt nach Tempelhof. Im hier ansässigen Fetisch- und Fantasyclub Insomnia kann man gänzlich anonym entspannen. Da fällt man, beispielsweise unter schwarzer Latexmaske, wenigstens nicht auf.

Guter Ort: Grabowsee

16.20 Uhr

Ankunft S-Bahnhof Oranienburg. Zirka 500 Leute warten vorm Bus, Fahrer kassiert einzeln ab.

16.40 Uhr

Schwitzen im Bus inmitten bedröppelt schauender Liebespaare, Rastafarifrisuren, aufgerollter Iso-Matten und Kunstinteressentinnen mit pinken BH-Trägern.

16.50 Uhr

Fahrer kassiert zunehmend genervt.

17.05 Uhr

Fahrer hält inne, plötzlicher Ausruf: »Ick werd' irre hier!« Alle Türen öffnen sich, Bus wird gestürmt. Jemand fragt nach Bier. Wir rauschen ab.

17.20 Uhr

Ausstieg unbekannte Brücke am Wald. Erinnert an Golden Gate Bridge nur in klein und ohne San Francisco. Laufen Richtung Grabowsee, Streetartfestival *Artbase*. Klatscher von hinten auf meine Schulter. »War'n Moskito«, wird behauptet.

17.30 Uhr

Latschen durchs Latschenkiefergebiet.

17.40 Uhr

Eintreffen am Festivalgelände, eine ehemalige Lungenheilstätte. Halbzerfallene Villen im Wald, von Gestrüpp überwuchert, Sonnenlicht bricht durchs Geäst, Riesenroboter schauen von Fassaden herunter. Comic-Hund schnappt nach Comic-Knochen. Durchsichtige Wesen mit neonfarbenen Herz-Lungensystemen tänzeln zwischen Fensterrahmen in weicher, nach Nadelholz duftender Luft. Sich-Fühlen wie Alice im Wunderland – auf der Schulter, winzig, eine feixende Mücke.

18.00 Uhr

Einsteigen in Häuser über marode Balken. Leute flanieren auf langen Fluren, lugen erst in dieses, dann in jenes Zimmer, wo sie stets eine andere Welt vorfinden. Gezeichnete Mikrowinzlinge sitzen an Lichtschaltern, gesprayte Megamonster fressen Fenster und Türrahmen. Ein Loch in der Decke wird zum Feuerstrudel, 3D-Optik, filigrane Vogelinstallationen in einer Ecke aus Papier und Tinte. Am Treppenabsatz kauert ein Cartoon-Mädchen neben dem realen Schutthaufen und dort, am Ende des Regenbogens, pinselt die schöne Frau mit Afrofrisur – huch, die ist ja echt! Das Kamerateam dahinten wohl auch.

19.30 Uhr

Durch den Wald zur großen Lichtung, der Weg gespickt mit Kunstbotschaften, Qualität schwankend. Kopfschüttelnd verharren vor rosafarbenem Wallnuss-Ding, gesprayt an eine Säule. Aufschrift: »Think, I am in You!« – Keine Ahnung, was das nun soll!

20.00 Uhr

Haushohe Ziege fotografieren. Oben im Holzbauch strecken Girls die Arme aus wie Kate Winslet auf dem Deck der *Titanic.* DJ trinkt Club-Mate, Kind tobt durch die Halle, an der Wand wird gesprayt. Hundehalter schläft im Gras, Dackels Kopf ruht auf Herrchens Bauch – bei Annäherung leises Knurren.

20.40 Uhr

Romantischer Zusammenbruch vorm Grabowsee. Paare liegen umschlungen am Ufer, Sonne geht unter, Wasser glitzert, Baumwipfel rascheln, Zelte vor einer alten Kapelle … ach, Oranienburg!

21.15 Uhr

Umherdödeln in der offenen Halle sowie allgemeine Lebensbegeisterung tänzerisch darstellen bis –

0.02 Uhr

Stromausfall

0.10 Uhr

Ikea-Mülleimer werden zu Instrumenten umfunktioniert, Festivalbesucher sitzen beieinander und trommeln im Wald, Mitmachtendenz steigend. Höre rhythmisches Plastikbumpern auf dem Heimweg noch bis zur Brücke.

P.S. Habe einen Steinpilz gefunden, 600 Gramm schwer und groß wie meine Handtasche, finde Oranienburg in jeder Hinsicht gigantisch.

Guter Ort: Kumpelnest 3000

Klack-Klack-Klack – eiliger Schritt über die Kurfürstenstraße. Der Auftrag: prominente Dragqueen durch ausgewählte Lokalitäten begleiten und dabei ein Interview führen. Der Fehler: Start im Kumpelnest 3000. Eine goldene Regel besagt: Nie sollst du im Kumpelnest beginnen, immer nur enden! Tag zwei nach der Panoramabar wäre zum Beispiel ein geeigneter Kumpelnesttag oder Tag drei nach dem Golden Gate. Doch wir treffen uns nun hier, gleich zu Beginn von Nacht eins. Und es ist ja nicht so, dass ich nicht vorbereitet wäre. Schon 1992 war ich zu Gast im Kumpelnest. Die Erinnerungen beschränken sich auf Detroit-Housemusik, ein knutschendes Pärchen auf dem Sofa und Plateauturnschuhe, die an dürren Beinen über den Tresen staksten. Die aktualisierte Recherche (Internet) ergab: Absturzladen Nummer Eins, ehemaliger Puff, mit eigenem Theaterstück in den Sophiensälen geehrt, 25-jähriges Jubiläum. Ich packte also mein Aufnahmegerät in die Tasche und nach einem fettigen Abendbrot (Lachs) nahm ich noch ein paar Schlucke aus der Olivenölflasche. Ich hielt dies für eine gute Grundlage für die 5000 Gin Tonic, Sekt und Schnäpse, die in der Nacht noch offeriert werden würden und von denen erfahrungsgemäß nach erstem Protest jeder dritte getrunken würde. Ein Greis in High Heels wird mir später erläutern, dass der Trick ein alter Hut sei und schon Zarah Leander berichtete, wie sie Öl aus Sardinenbüchsen trank, um Wirtschaftsminister unter den Tisch zu saufen.

Weitaus besorgniserregender schien mir mein Interviewpartner, die schwule Partyministerin, die schon am Tresen des Kumpelnestes wartete: 2,07 Meter groß und trinkfest wie eine schwedische Erdölplattform. Sie trug eine rote Perücke und grüßte mit markerschütterndem Lachen. Nach einem Sekt wollten wir weiter in den Südblock ziehen, anschließend vielleicht einen Abstecher ins Möbel Olfe machen und kurz im Monarch »Guten Abend« sagen bzw. Barfrau Miriam gratulieren, die im Wild at Heart ihren Scheidungstermin feierte, ach ja, und eine Karaokebox wurde bei Monster Ronson reserviert. Ein Blick auf die Uhr sagt: Fünf Minuten habe ich noch. Zeit für einen letzten Toilettengang. Der schmale Weg liegt im roten Licht vor mir. Dann plötzlich: ein seltsames Gefühl. Es knirscht. Es ist, als würde sich im Kosmos aus goldgerahmten Bildchen, angelaufenen Pokalen, Wandteppichen, Lichterketten und alten Discokugeln etwas verschieben, so als würden leise ratternd Messingzahnrädchen ineinandergreifen und irgendwo hinter all dem Plüsch und Kitsch eine riesige Apparatur ihre allabendliche Arbeit aufnehmen und die Gäste in bunte Zeitlöcher des unendlichen Absturzuniversums versprengen. Als ich zurückkomme, ist es, als wäre ich seit ’92 nicht fort gewesen. Der Barmann wechselt die Kassette mit Detroit-Housemusik. Die Luft riecht nach Zigarettenrauch aus mehreren Jahrzehnten und auf der Plüschcouch knutscht ein Pärchen. Ich schiebe mich an einer Gruppe Tanzender vorbei, die Partyministerin sitzt mit gelangweilter Miene an der Bar und raucht. Ein Greis in High Heels steht daneben mit einem Aufnahmegerät – meinem Aufnahmegerät! – und brabbelt Unverständliches über Ölsardinenbüchsen und Zarah Leander hinein. Das Gerät könne ich im Tausch gegen einen Gin wiederbekommen, bietet er an, und wir diskutieren eine Weile im Raum ohne Zeit, während eine Reisegruppe, wohl aus Finnland, eintrifft, um Geburtstag zu feiern, dann kommt DJ Das Amt. Es ist ungefähr vier Uhr, als mir klar wird, dass mein Interviewpartner, die Ministerin, ohne Interview die Szenerie verlassen hat. Eine Unbekannte sitzt stattdessen auf dem Barhocker und legt ihren schweren Arm über meine Schulter. Zahnrädchen rattern, Nacht eins wird zu Tag zwei. Mit der flachen Hand wischt der Barmann ein paar Krümel vom Tresen, sagt: »Der nächste Gin geht aufs Haus.«

Guter Ort: S-Bahn

Das ist meine Ode an die Berliner S-Bahn. Vermutlich denken Sie jetzt, dies wäre ironisch gemeint und in gräulicher Herbstverstimmung wird nun ordentlich drauflosgehauen. Aber weit gefehlt! Über Verspätungen wegen umgefallener Bäume oder betrunkener Passagiere, die sich im

Gleisbett schlafen legen, sollen sich andere empören. Zudem kündigte die Firma Siemens an, sie möchte sich gerne für sehr viel Geld um die kaputten Wagen kümmern. Eine wunderbare Nachricht in der Vorweihnachtszeit. Ich konnte mich mit den Gebrechen der Berliner S-Bahn bisher immer gut arrangieren, zum Teil sogar identifizieren.

Sie ist ja auch nur jemand bzw. etwas, das in Berlin durchkommen muss – so ein altes Großstadtgirl, das ihren abgewrackten Leib immer noch in rote Leggins quetscht. Sie lässt die Ereignisse mit stoischem Klappern über sich ergehen, und sie kann einiges ertragen. Ich mag ihr verschmiertes Make-up und die billigen Tattoos auf ihren Türen. Sie sind nicht hübsch, aber sie haben Stil. Die S-Bahn ist meine Freundin und ich bin ihr dankbar, weil ich mit ihr Dinge erleben kann, wie sie nur in S-Bahnen möglich sind.

Ich glaube, sie kann mich auch ganz gut leiden, denn wie durch ein Wunder finde ich auch im schlimmsten Berufsverkehr noch einen Platz. Sie hat einen guten Humor und setzt mir gerne merkwürdige Menschen in die Nähe, wie letztens den Mann mit dem Schlüssel.

In der S41 saß er mir gegenüber. Er hatte dieses freundliche Lächeln, wirkte aber ziemlich gestresst. Der schätzungsweise 40-Jährige suchte Blickkontakt, und ich bemühte mich, ihn, so gut es ging, zu ignorieren. Es gelang nur schwer, denn er trug einen auffälligen silbernen Arbeitsoverall und kramte in einem Schulranzen, gespickt mit fluoreszierenden Symbolen. Er sah ein bisschen aus wie ein Mitarbeiter der Nasa, der ein paar Nächte zu viel im Berghain gefeiert hatte. Kurz darauf fand er, wonach er suchte, und hielt mir etwas entgegen. Er sagte: »Hier, der ist für dich.« Perplex begutachtete ich einen winzigen Schlüssel aus pinkfarbenem Papier. Ich fragte, was ich damit tun sollte. Das könne ich mir aussuchen, erwiderte er.

Dann erzählte er eine irre Geschichte von einer Konstruktion, an der er seit längerer Zeit schon baute, etwas wirklich Großes. Er war sehr aufgeregt und stellte sich als Architekt und Biomechaniker vor. Er plante, etwas Gigantisches zu errichten, was er »Tempelmaschine« nannte. Eine biomechanische Installation, mit der jeder Berliner 360 Tage im Jahr kostenlos, inmitten von überdimensionalen 3D-Visuals rund um die Uhr tanzen kann. Als Standort hat er das ehemalige Flughafengelände in Tempelhof im Visier, und er plant, es für eine Million Euro zu erwerben. Er müsse jedoch noch einige dieser Schlüssel – damit zeigte er auf meinen – verkaufen, für einen Euro pro Stück, so die Geschäftsidee. Ich sagte, dass ich kein Geld für pinke Papierschlüssel hätte, aber darum ginge es ihm gar nicht, meinte er. Ich kam nicht mehr dazu nachzufragen, worum es denn sonst ginge, weil ich aussteigen musste. Den Schlüssel aber habe ich aufbewahrt. Man weiß ja nie. Ein Freund warnte mich, ich solle besser nicht daran lecken, er könne mit LSD beträufelt sein. Jedenfalls freue ich mich schon auf meine nächste S-Bahn-Fahrt.

Schlechter Ort: Regionalexpress

Die Zugtüren des Regionalexpress Richtung Magdeburg öffnen sich. Fußgetrampel und schrille Schreie sind zu hören, dann Lachen. Eine Gruppe fünfzehnjähriger Wochenendreisender steigt zu. Ungünstiger Weise sind noch Plätze in meiner Nähe frei. Schon hat sich René, so riefen sie ihn, in den Sitz gegenüber geworfen. Dann drückt er ein paar Knöpfe auf dem Handy, bis ein blecherner Dancemix von Usher zu hören ist.

Breitbeinig sitzt er vor mir, schaut dabei so ernst, wie er dünn ist, und René ist ein Windspiel von einem Teenager. Seine Beine stecken in weißen Karottenjeans, er öffnet den Reißverschluss seiner deutlich zu großen Lederjacke der Marke Chevignon und brüllt durch den Gang: »Sabine, du Fotze, komm her, hier sind noch Plätze!«

Sabine kommt und verpasst René eine Ohrfeige. »Alter; pass uff, watte sagst«, sagt sie und grinst. Die Kumpels mit den gegeelten Stachelfrisuren haben sich nebenan platziert. Sie lassen eine 1,5 Liter Mehrwegflasche mit Bacardi-Cola-Gemisch kreisen.

Sabine, das ist sofort klar, taugt zum Alphaweibchen: Kräftige Erscheinung, macht die Ansagen und trägt blondes Stummelzöpfchen. Als sie sich keck auf die Armlehne meines Sitzes platziert, gibt die Hüftjeans den Blick auf einen Stringtanga mit Snoopy-Aufdruck frei.

René bleibt cool, zündet sich eine Zigarette an und resümiert den Abend: »Krasser Laden – dit Maxxim«, »Nadine hat rübergeguckt« und »6 Euro Eintritt«.

Dabei bläst er dicke Rauchwolken in meine Richtung und guckt böse.

»U Make Me Wanna«, singt Usher, während sich die Hand in meiner Tasche zur Faust ballt, bereit, dem schlecht ernährten Zonen-Teenie Manieren beizubringen. Leider ist nicht auszuschließen, dass ich es anschließend mit dem Rest der Clique inklusive Sabine zu tun bekomme, die ja mittlerweile schon fast auf meinem Schoß sitzt. Ich könnte auch aufstehen und mir einen anderen Platz suchen, aber hier geht's ums Prinzip. Ich war zuerst da! Ich denke kurz nach. Dann frage ich René nach einer Zigarette. Ich erkundige mich, für jedermann gut hörbar, nach dem DJ-Mix auf seinem Handy. »Wes ick doch nich«, antwortet René bockig, hält mir aber die Zigarettenschachtel hin. Ich zünde mir eine Kippe an und warte einen Moment, dann kommentiere ich: »Ist wirklich gut deine Musik.« René – offenbar zutiefst peinlich berührt – richtet den Blick auf den Boden. Kann es als Teenager etwas Ungeileres geben als eine muttiartige Person, die die eigene Musik gut findet?

Die Gruppe nebenan beginnt zu tuscheln und verlässt schon bald geschlossen die Plätze. Selbst die dicke Sabine steht auf, zieht noch kurz die Hüftjeans zurecht und verschwindet. Ich nehme einen tiefen Zug von der Zigarette, um anschließend den letzten verbliebenen Teenager hinter einer dicken Rauchwolke verschwinden zu lassen.

»Das macht dann 15 Euro Ordnungsstrafe die Dame«, höre ich plötzlich eine Stimme hinter mir sagen. Der Fahrkartenkontrolleur steht im Gang und schüttelt den Kopf: »Sie sollten sich was schämen, so vor den jungen Leuten.«

Guter Ort: Amtsgericht Pankow

Ein Mann sitzt kopfübergebeugt auf einem Stuhl neben der Garderobe, ob er geschnarcht hat, ist schwer zu sagen, die Musik im Club ist laut. Die Party ist so lala und Katrin ein wenig gelangweilt. Aus einer Laune heraus rüttelt sie an der Schulter des Schlafenden, ruft: »Hallo, aufwachen!« Daraufhin lädt er sie zum Frühstück ein. Drei Monate später ist Katrin mit dem Discoschläfer und hauptberuflichen Soul-DJ verheiratet. Zur Hochzeitsfeier mit reichhaltigem Buffet kamen über 150 Gäste. Der Scheidungstermin, heute fast auf den Tag genau sieben Jahre später, ist weniger stark frequentiert. Katrin wartet auf dem Flur im Amtsgericht Pankow. Sie sitzt auf einer dunklen Holzbank und ärgert sich. Der Termin beim Richter war vor fünf Minuten, doch weder die Anwältin noch der Ehemann sind erschienen. Da öffnet sich die Tür zum Verhandlungssaal Nummer neun. Mit fliegendem Mantel und faltenzerfurchtem Gesicht tritt die Richterin heraus, fragt streng: »Sie sind allein?« Katrin zuckt mit den Schultern. Die Richterin verschiebt den Termin um eine halbe Stunde, auf zehn Uhr. Der Vorgeladenen empfiehlt sie, gegenüber im Kiosk zu warten und einen Kaffee zu trinken.

Am Stehtisch des Kiosks blättert Katrin durch eine zerfledderte Mopo. Die zirka 60-jährige Verkäuferin schaut mehrmals zu ihr rüber. Schließlich fragt sie mit krächzender Stimme: »Sie auch?« Katrin guckt verdrießlich. Die Kioskbetreiberin weiter: »Sie kommen doch ausm Gericht – Scheidungstermin, oder?« Katrin nickt. »Die trinken hier fast alle vorher 'n Kaffee, manchmal auch wat Härteret«, weiß sie zu berichten. Katrin legt die Zeitung beiseite. »War wohl nicht der Richtige?«, mutmaßt die dicke Frau weiter. »Musiker«, antwortet Katrin der Interviewerin trocken. Daraufhin winkt die Kioskfrau, die sich als Uschi vorstellt, ab: »Die taugen doch alle nüscht!«

Dann knallt sie in einem Anfall von Solidarität zwei Schnapsgläser auf den Verkaufstresen.

Sie erzählt, dass auch ihr Scheidungstermin vor 16 Jahren »gegenüber« stattfand: »Der Dreckskerl hat mein janzet Sparbuch versoffen.« Mit einem »Jeht aufs Haus« füllt sie die Gläser. Katrin kippt den Schnaps hinunter, bedankt sich und geht. Bei ihrer Rückkehr ins Amtsgericht ist die Anwältin eingetroffen, der Ehemann nicht. Die Richterin bittet beide in den Verhandlungssaal und teilt mit, dass sie ohne Ehegatten die Scheidung nicht vollziehen könne. Mit vor Wut rotem Kopf ruft Katrin ihren Mann nun auf dem Handy an. Es klingelt 17-mal, bis sich eine verschlafen klingende Stimme meldet. »Das ist nicht dein Ernst, du verpennst unseren Scheidungstermin?«, brüllt Katrin in den Hörer. Der Noch-Ehemann wiegelt ab: »Mach doch nicht so ein Theater, der Termin ist erst morgen. Ich muss weiterschlafen, hab heute Abend noch'n Gig. Ich ruf dich morgen an.« Noch ein Klick ist zu hören, dann ist das Gespräch beendet. Wie zur Salzsäule erstarrt steht Katrin vor dem Richterpult. Im Saal ist es mucksmäuschenstill. Die Scheidungsanwältin blickt wortlos zur Richterin, die nickt kurz zur Gehilfin, die daraufhin zur Handtasche greift und ein Päckchen Zigaretten durch den Raum kreisen lässt, erworben im Kiosk gegenüber.

Am Ende tauchte der Ehemann doch noch auf und die Scheidung wurde vollzogen. Jahre später lernte Katrin wieder an der Garderobe eines Clubs einen Mann kennen. Er war Techno-House-DJ und die Beziehung hielt 4 Monate. Danach sprach sie nie mehr einen Mann an der Garderobe an.

zur **KUR 81** war ich im Dezember 1981 Nachtrag

Da dieses Ereignis schon über 2 Jahre zurückliegt kann ich mich nicht mehr ganz an die Einzelheiten erinnern. Es war dort ziemlich kalt in Luisental. Nach 8 Stunden Busfahrt kamen wir an uns wurden die Zimmer zugeteilt. Die ersten Nächte und Tage waren schrecklich. So großes Heimweh. Ich war ja das 1. mal 4 Wochen weg. Ich wurde vom Arzt überredet zu dieser Kur. Dennoch hat sie mir Spaß gemacht und gut getan. Ich schlief aber in einem Eiskalten Zimmer.

Das ist mein Kurheim. Es war aber alles vereist.

Analog

Die Möglichkeiten, an guten oder schlechten Orten, fernab des Zuhauses ohne elterliche Überwachung zu experimentieren, sind als Heranwachsende stark eingeschränkt. Daher ist erst mal jeder Ort ohne Erziehungsberechtigte ein Spitzenort.

In der Hoffnung auf Spannung und noch nie dagewesene Erlebnisse, die den eigenen noch schmalen Horizont auf möglichst explosive Art erweitern, hält man sich an lauter merkwürdigen Orten auf, die auch nur dem Pubertierenden reizvoll erscheinen. Man drückt sich in kaputten Aufzügen rum, hängt in Kleingruppen vor Lebensmittelläden ab, an Buswartehäuschen, die nicht bedient werden, oder man checkt in ein Kurheim in Thüringen ein. So hatte ich das Glück, schon früh ein paar wirklich schlechte Orte kennenlernen zu dürfen. Mit zwölf Jahren geriet ich in den Genuss eines Kuraufenthaltes in der Nähe von Gotha. Ein Kinderarzt verschrieb mir die Kur, weil ich nach sozialistischen Maßstäben als kränklich und leicht untergewichtig galt. Bei dem vierwöchigen Aufenthalt ging es leider recht freudlos zu. Ich reiste im Winter an, und die Heizungen waren defekt oder wurden als abhärtende Maßnahme gar nicht erst aufgedreht – genau weiß ich das nicht. Es war jedenfalls zugig und die Türen standen die Nacht über offen. Das Tropfen undichter Rohrleitungen hallte im maroden Gebäude bis an mein Bett, und ich träumte wirres Zeug von Dinosauriern und Kampfrobotern und Giraffen, die mich durch Tropfsteinhöhlen verfolgten. Geweckt wurden wir morgens um sechs Uhr. Nach dem Zähneputzen stellten wir uns in unseren weißen Baumwollschlüpfern im Kreis auf, um nun gründlich, eine halbe Stunde lang, Arme, Brust und Beine trocken zu bürsten. Danach war allen Kurteilnehmern zumindest schön warm und bis heute liegt für private Notfälle (Heizungsausfall, erneuter Ausbruch des Sozialismus, depressive Verstimmung) eine Trockenbürste in meinem Badezimmerschrank bereit. Nur mein Verhältnis zu Butter blieb zerrüttet. Im Sinne neuerlicher Fettreserven wurde vom mürrisch wirkenden Betreuungspersonal bei allen Mahlzeiten streng darauf geachtet, dass die Butter auf meinen Graubrotschnitten zentimeterdick aufgetragen wurde. Am Ende wog ich drei Kilo mehr und verdrängte den Aufenthalt zwei Jahre lang.

Aus Teenagerperspektive wird das Kurheim bei Gotha durch die Keller in der heute noch existierenden Potsdamer Plattenbausiedlung Waldstadt II um einiges übertroffen. Das mag daran liegen, dass ich mich hier zusammen mit meinen Klassenkameraden auf die Dinge konzentrieren konnte, die einen in dieser Phase des Lebens am meisten beschäftigten: Sex – oder genauer gesagt das, was man darüber so hörte. Es war ein unspektakulärer Schultag und ich plante mit Freundin Zschirpi nach dem Unterricht möglichst viel Aufschluss zum Stichpunkt

»das andere Geschlecht« zu erhalten. Zu diesem Zweck hatten wir uns am Nachmittag mit dem ältesten Jungen aus unserer Klasse, Andreas, verabredet. Marion war seit ein paar Tagen mit dem Sitzengebliebenen zusammen. Bisher war da nichts gelaufen. Die Beziehung war schriftlich auf einem Zettel im Unterricht vereinbart worden. Im folgenden Tagebuchauszug wird auch ein gewisser Jens P. erwähnt, eigentlich ein okayer Typ aus meiner damaligen Klasse. Wegen seiner Frisur, einem schwer kontrollierbaren Lockenwuchs sowie einem weiteren nicht zu ignorierenden Problem wurde er von mir kurzerhand als »unzumutbar« eingestuft. Inzwischen hat Jens keine Akne mehr, trägt eine Glatze und wir kommunizieren wöchentlich über Facebook.

Guter Ort: Keller

Wir hatten uns gleich nach der Schule mit Andreas verabredet. Wir kamen also spätnachmittags bei ihm an (Wir kamen zu spät und »Zschirpi« machte sich schon wieder Sorgen). Andreas rutschte vor seinem Block auf Gleitschuhen hin und her. Marion schmiss schnell ihre Waffel weg, die wir uns vorher gekauft hatten, als sie Andreas erblickte. Wir gingen also zu Marion u. flirteten unterwegs ein bisschen rum. Sie versuchte ihn mit der Frage, ob er nur wegen ihrer Figur mit ihr zusammen ist, einzuwickeln. Dann gingen wir tiefer in den Keller und Marion fing an, von Hemmungen zu sprechen, die sie jetzt hätte, wenn ich nicht rausgehen würde. Ich wusste, dass das mit den Hemmungen nur ein Vorwand war, um sich ohne Ri-

valität an Andreas ranmachen zu können. Doch ich vermasselte ihr alles gründlich (mit voller Absicht). Ich schlug vor, zu mir zu gehen. Andreas war einverstanden – nur Marion zögerte. Dann kam sie doch mit. Zu Hause angelangt, passierte Folgendes: Die Wohnung sah wüst aus, und trotzdem machten wir es uns etwas gemütlich. Dann rannte Marion krankhaft zum Bücherregal u. holte ein auf Deutsch gesagt »Fick- und Bums«-Buch hervor, in der Absicht, Andreas etwas umstimmen zu können. Er reagierte auch höchst aufmerksam. Ich las Horoskope vor und Marions Stimmung schwankte. Sie schien langsam zu bereuen, Andreas das Buch gegeben zu haben, denn sein Interesse an ihr war nun sichtlich gesunken. Doch irgendwie schaffte sie es, ihn doch wieder rumzukriegen. Ich und Marion gingen in die stockfinstere Stube und kreischten laut rum, weil wir uns erschreckten. Dann kam Andreas, und ich ging auf Marions Bitte aus dem Zimmer. Ich fragte noch, ob Andreas sich mit Lebkuchen zufriedengeben würde, weil er Hunger hatte, aber er sagte immer nur: »Ja, ja.« Ich dachte schon, alles wäre verloren, bis mir die rettende Lösung in den Schoß fiel. Ich rannte in die Stube und sagte: »Ick globe, meine Mutta kommt!« Ich knipste das Licht an und sah, dass die beiden normal auf der Couch saßen.

Wir sind dann alle raus und bemerkten, dass es nur falscher Alarm war. Marion wollte dann wieder in die dunkle Stube und wartete auf Andreas – vergebens. Er saß mit mir draußen im Flur und wir quatschten. Ich ging auch mal zu Marion in die Stube, die heulte. Dann sind wir los: Andreas sauer, Marion verheult und ich triumphierend. Wir trafen auf der Treppe noch meine Mutter. Ich brachte Marion noch ein Stück. Andreas ging den anderen Weg.

Man könnte meinen, eine Jugendherberge hat das Potential, als ein guter Ort verewigt zu werden, verbunden mit charmanten Erinnerungen in Tagebuchliteratur Zwölf- bis Vierzehnjähriger. Immerhin reist man mit Gleichaltrigen, übernachtet im selben Haus, es gibt Discoabende, man unternimmt Nachtwanderungen und die Eltern sind weit weg.

Leider war unsere Jugendherberge kein geiler Ort. Das lag nicht am Standort, dem kleinen, recht idyllischen Städtchen Belzig, sondern mehr an einem unbefriedigenden Umstand. Außer unserer Klasse war enttäuschenderweise niemand in dem großen Haus untergebracht. So blieb mir und Freundin Zschirpi nichts anderes übrig, als sich mit den Jungs der eigenen Klasse zu vergnügen. Noch schlechter als ich oder Zschirpi fand offenbar nur noch Sabine den Aufenthalt. Ich erfuhr dies erst Jahre später über Facebook. Ich postete ein Scan meines alten Tagebuchtextes und Sabine kommentierte. Sie berichtete, dass sie einen fiesen Hautausschlag von dort mit nach Hause gebracht hatte und sich auf dem Heimweg mehrmals übergeben musste. Auf gewisse Art war es ein tröstliches Gefühl, dass da jemand war, der noch freudlosere Momente erlebt hatte als man selbst.

Schlechter Ort: Jugendherberge

Nach der Schule ging ich zügig nach Hause, denn wir hatten uns um 14 Uhr am Bahnhof Rehbrücke verabredet. Ich griff mir den Rucksack und ging mit meiner Mutter los. Als sie mich hingebracht hatte und sich von mir verabschiedete, kam mir Marion schon entgegengestürmt. Jetzt ist sie meine Freundin, doch es bestätigt sich immer wieder, dass ich im Tagebuch Nummer eins richtig geschrieben hatte. Die ganze Klasse stand schon da. Endlich, der Zug nach Belzig war da. Wir fuhren um 14.25 Uhr los. Nach halbstündiger Fahrt waren wir angekommen. Es war (ist) ein hübsches Dörfchen.

Nach zirka zehn Minuten Weg (bergauf) standen wir vor der Burg Eisenhardt. Als wir nach 15 Minuten Wartezeit in unsere Zimmer durften, zogen sich alle in Windeseile Hausschuhe an und stürmten hinein. Ich hielt gleich ein Bett, nein zwei Betten, für uns frei. Es waren immer zwei Doppelstockbetten nebeneinander, also praktisch oben und unten Ehebetten. Dann haben wir, Marion und ich, uns gestritten, wer wo schläft. Schließlich sind wir in andere Betten gegangen (Tausch). Dann waren wir bis zum Abendbrot auf dem Hof und langweilten uns. Nach dem Abendbrot wuschen wir uns und gingen in unseren Nachthemden überall hin. Frau Peschel erlaubte, dass die Jungs ins Zimmer durften. Sie ist in der Zwischenzeit sich mit den Männern amüsieren gegangen. Thomas kam zu mir ins Bett. Das hat mich angestunken. Bei Marion, besser gesagt in der Mitte, lag Andreas. Als dieses Rumschäkern zu Ende war und alle schliefen, wie ich dachte, bemerkte ich, dass auch Evi noch wach war. Ich schlüpfte mit in ihr Bett. Ging dann aber wieder in meins.

Einer der hoffnungsvollsten Orte für einen Heranwachsenden ist ein Zug. Für mich ist er eines der romantischsten Fluchtmittel überhaupt, und es gibt wohl nur wenig Aufregenderes, als spontan mit Freunden ein Ticket zu lösen und eine Reise ins Ungewisse anzutreten. Auch heute noch habe ich ein Faible für Züge, vor allem die älteren. Ich träume davon, einmal mit dem Eastern & Oriental Express durch Teile Südostasiens und den Dschungel Malaysias zu reisen und dabei in einem Notizbuch (nicht im Smartphone) Gedanken festzuhalten. Im Alter von zwölf Jahren scheiterte mein größtmögliches Abenteuer nur knapp am Zufall.

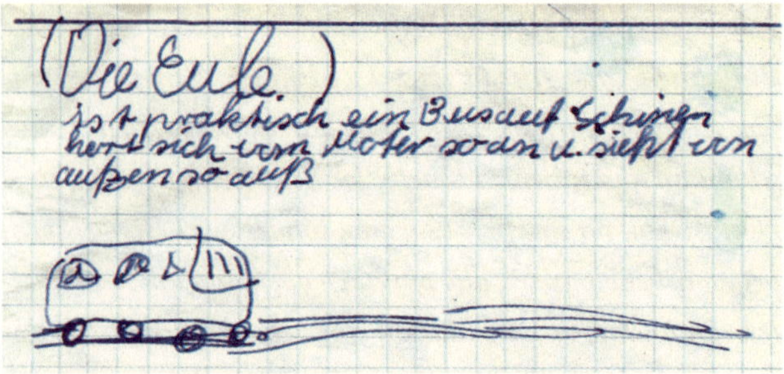

Guter Ort: Die Eule

Als ich zu Hause ankam, bin ich zu Sabine gegangen, damit sie in meinem Zimmer mit mir rumtobt. Sie kam mir mit Heiko H. entgegen. Sie wollten ins Kino. Sie überredeten mich, mitzukommen. Als wir beim Charlott, so heißt das Kino, waren, stand schon so eine lange Schlange. Wir sind, weil wir davon überzeugt waren, dass es keinen Zweck hätte, dort anzustehen, an die Haltestelle gegangen. Weil die Straßenbahn aber nicht kam, sind wir einfach auf den Hauptbahnhof gegangen, haben uns eine Fahrkarte gekauft und haben uns vorgenommen, in den ersten Zug, der kommt, reinzusetzen und bis zur Endstation zu fahren. Es kam Gott sei Dank nur eine Eule, deren Endstation Babelsberg war. Wir sind jedenfalls hin und her gefahren und wir hatten noch viel Spaß.

Ich weiß nicht, ob es in der BRD Ferienlager für Kinder gab, im Osten jedenfalls war das Standard. Die Ferienlager waren den unterschiedlichen volkseigenen Betrieben der Eltern zugeordnet, und so kam ich in Markgrafenheide an der Ostsee unter. Dies war der Ort für die Kinder der Mitarbeiter des vielleicht am besten florierenden

Wirtschaftszweiges der DDR, der Gastronomiebranche. Meine Freunde dort hatten wie ich Mütter und Väter, die kellnerten, hauptberuflich Cocktails mixten, eine Kneipe oder ein Restaurant leiteten. Meine Mutter behauptet, den Gastronomen ging es damals von allen am besten. Wer heute im Watergate oder Sisyphos an der Bar jobbt, mag es in Anbetracht der knickerigen Trinkgelder kaum glauben, aber in der DDR rundete der Gast häufig großzügig auf. Im Gegenzug wurde die Kundschaft nicht selten »beschissen«. Unter anderem wurden dazu die Verschlüsse von Wodkaflaschen aufgeschraubt. Wichtig war, dass der Verschlussring nicht brach. Mit einem Viertel Wasser aufgefüllt wurden die Flaschen wieder vorsichtig verschlossen und anschließend dem Gast die verdünnte Variante in seinen Drink gemixt. Und weil im Osten der Schnaps, genau wie die Milch oder Brötchen, ohnehin viel zu billig angeboten wurde, betrachteten die praktizierenden Kneipenwirte dies nicht als Betrug, sondern vielmehr als korrigierende Maßnahme.

So wurden auf die eine oder andere Art viele DDR-Gastronomen reich, und auch wir lebten eine Zeitlang im Überfluss. In diesen fetten Jahren bedachte meine Mutter mich mit teuren Geschenken wie schultergepolsterten Abendkleidern, eingeführt aus der Tschechoslowakei oder goldenen Lurex-Söckchen aus dem »Ex«. Im »Ex«, ausgeschrieben Exquisit, gab es jene teuren und hochwertigen Waren, die eigentlich für den Export ins kapitalistische Ausland bestimmt waren und damit das Luxuriöseste, was der Osten zu bieten hatte. Meine goldenen Söckchen jedenfalls kamen im Ferienlager ziemlich gut an.

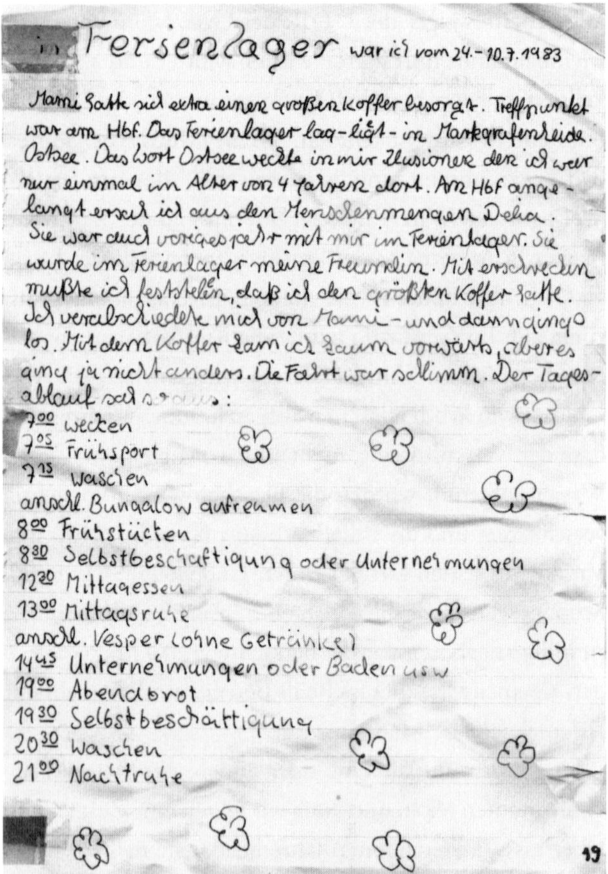

in Ferienlager war ich vom 24.–10.7.1983

Mami hatte sich extra einen großen Koffer besorgt. Treffpunkt war am Hbf. Das Ferienlager lag – liegt – in Markgrafenheide. Ostsee. Das Wort Ostsee weckte in mir Illusionen den ich war nur einmal im Alter von 4 Jahren dort. Am Hbf ange-langt ersah ich aus den Menschenmengen Delia. Sie war auch voriges Jahr mit mir im Ferienlager. Sie wurde im Ferienlager meine Freundin. Mit erschrecken mußte ich feststellen, daß ich den größten Koffer hatte. Ich verabschiedete mich von Mami – und dann ging's los. Mit dem Koffer kam ich kaum vorwärts, aber es ging ja nicht anders. Die Fahrt war schlimm. Der Tages-ablauf sah so aus:

7^{00} wecken
7^{05} Frühsport
7^{15} waschen
anschl. Bungalow aufreumen
8^{00} Frühstücken
8^{30} Selbstbeschaftigung oder Unternehmungen
12^{30} Mittagessen
13^{00} Mittagsruhe
anschl. Vesper (ohne Getränke)
14^{45} Unternehmungen oder Baden usw
19^{00} Abendbrot
19^{30} Selbstbeschäftigung
20^{30} waschen
21^{00} Nachtruhe

19

Zu Hause hatten wir damals diesen alten Bauern-schrank. Er war mit ländlichen Blumenmotiven bemalt und auf dem Aufsatz stand in schnörkeliger Schrift anno 1890. Er stand in der Mitte unseres Wohnzimmers und bot das perfekte Versteck für mich und meine Freundin Sabine. Wir hatten uns wirklich gerne. Sie hatte dunkle Augen und dichtes schwarzes Haar. Ihr Lächeln war breit,

reichte über das ganze Gesicht und von allen meinen Freundinnen gefiel sie mir, schon rein äußerlich, am besten. Wir befanden uns in dieser experimentellen Phase. Wir entdeckten Stellen an unseren Körpern, die gute Gefühle verursachten und von denen wir uns später, wenn erst mal erwachsen, eine wahnsinnig gute Zeit mit ebenfalls erwachsenen Partnern versprachen. Vorerst trafen wir

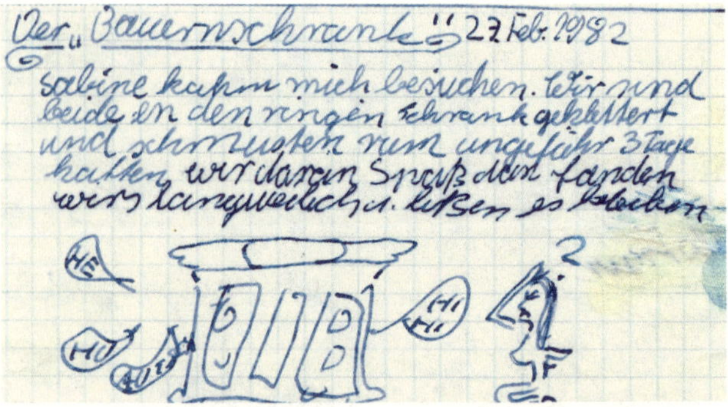

uns bei mir zu Hause im Schrank. Wir verschlossen von innen die Tür und legten uns kichernd auf den Boden. Im Dunkeln schmiegten wir uns eng aneinander. Wir umarmten uns, rieben unsere Körper aneinander, bis wir ganz außer Atem waren. Manchmal, unerwartet, war die Wohnzimmertür zu hören und jemand betrat das Zimmer. Dann hielten wir die Luft an, bis es draußen wieder ruhig wurde. Der Bauernschrank war ein aufregender Ort, wenngleich die Phase der geheimen Treffen nach kurzer Zeit schon wieder vorüber war.

Für das jähe Ende des geschichtsträchtigen Möbelstücks sorgte ein Freund meiner Mutter. Der bearbeitete nach einem besoffenen Streit den Schrank mit einer Axt. Danach war er nicht mehr zu gebrauchen. Was blieb, sind die Erinnerungen an den Geruch von trockenem Holz und an meine Freundin Sabine, die mich mit zerwühltem Haar, inmitten langer Röcke, Schals und Mäntel anblickte. Mit dem Ende des Schranks kam die Ahnung, dass die guten Orte meist nicht von Dauer sind. Man kann sie aber abspeichern im imaginären kopfeigenen Ordner unter *Heimat* oder *Liebe*. In meinem Kopf finden sich all diese merkwürdigen Dinge: darunter ein kaputter Kleiderschrank, ein ausrangierter Zug (Eule) und Teile eines ehemaligen Nazibunkers.

Der beste Ort für einen guten Ort ist vermutlich der Kopf.

5

Die gehören zu mir!?

(Familie, Verwandte und was sonst noch dazugehört)

Der Kern meiner Familie ist winzig. Er besteht aus meiner Mutter und meiner Schwester – beides Top-Frauen. Mit meinem Vater hatte ich nur wenig zu tun. Es ist nicht so, dass er ein totaler MT (Menschlicher Totalausfall) ist, er hatte wohl einfach nur zu wenig Zeit. Dafür sah er gut aus. Nicht nur ein bisschen, sondern verdammt gut. In den Siebzigern war er der Typ mit den längsten Haaren am Platz, erzählt meine Mutter über ihre erste Begegnung in M. Auch sie trug zu dieser Zeit lange Haare, schwarz und glänzend, die sie sich der Legende nach mit einem Bügeleisen glättete. Sie war siebzehn und wollte auf die Schauspielschule. Er war achtzehn Jahre und spielte Bassgitarre oder so.

Man sagt, sie waren ein schönes Paar. Zusammen gingen sie auf Konzerte und hörten Jimi Hendrix. Sie waren so was wie Hippies in der DDR. Früh wurde meine Mutter schwanger. Sie heirateten, weil das zu dieser Zeit die übliche Vorgehensweise war bei ungeplanten Schwangerschaften. Dann nannten sie mich Jacqueline, weil man seine Kinder in der DDR ja andauernd so nannte: Jacqueline oder Marko. Als ich sieben Jahre alt war, ließen sie sich scheiden. Da waren sie selbst fast noch Kinder. Aber die Zeit der Hippies war offenbar vorbei.

Mein weiterer Familienkreis ist eine wahnwitzige Mischung, bestehend aus Schweinewirten, einem ehemaligen Puffbetreiber, einem hochdekorierten Stasi-Oberst, Ehefrauen, die ihre Männer mit Küchenmessern bedrohen, Puppenspielern sowie ein paar dicken, chronisch schwitzenden Chauvinisten – angeblich hat unsere Familie ja slawische Wurzeln.

Aussuchen kann man sich die Verwandtschaft nicht, doch inzwischen bin ich ganz zufrieden mit meiner. Das Umfeld formt dich. So wurde aus mir eben eine Komikerin mit Discosehnsucht. Durch meine Verwandtschaft lernte ich ein paar nützliche Dinge. Beispielsweise, dass Wut ein starker Antrieb ist und dass Humor Leben retten kann. Manchmal hilft er einem auch nur über ein Familienfest weg. Eines von denen, die man direkt absagen wollte, es aber nicht übers Herz brachte, weil die Mutter schon vor einem halben Jahr fragte, ob man kommen würde.

Jackie Asadolahzadeh

Geboren als:	H. R. Zille am 10. Januar 1858
Beziehungsstatus:	in einer offenen Beziehung mit Oranienburg
Über mich:	Mückenflüsterin, sexy Waldschrat
Interessiert an:	unfertiger Kunst, kaputten Villen, guten Geschichten
Aktivitäten:	alle 15 Minuten auf den Balkon treten und seufzen
Letzter Track:	Jens Friebe „Du freust Dich ja gar nicht“
Letzte Homepage:	www.berliner-zeitung.de
Letztes Festival:	artbase2011 – A Grand Day Out
Letzte Meldung:	„Es ist doch allgemein bekannt, dass Fledermausblut lebensverlängernd wirkt!“ via Carhartl
Kontostand:	– 60, 52 Euro
Bankinformation:	Ihre Überweisung an Bank für Sozialwirtschaft, Konto: 51 51, BLZ: 3720500, Stichwort Ostafrika, wurde ausgeführt

Digital

Omas Hackfleisch

Leider kann ich Ihnen an dieser Stelle nicht von der Hochzeitsparty des Jahres, Boris Becker und Lilly Kerssenberg, berichten. Dabei schrammte ich nur knapp an einer persönlichen Einladung zum Society Event nach Sankt Moritz vorbei.

Meine Freundin Chayen Kosslowski kollidierte vor Jahren mit dem Ex-Tennisprofi an der Bar eines Berliner Clubs. Becker und die attraktive Exotin aus dem Wedding flirteten drauflos – was schlussendlich passierte, darum macht die sonst so verquatschte Chayen leider bis heute ein Geheimnis. So viel jedoch steht fest: genug war's nicht, denn statt meiner Chayen wurde nur irgendwers Lilly vor den Traualtar geführt.

Wie schade für Chayen, für mich und am Ende auch für den Leser, denn statt Glamourhochzeit werde ich nun vom 78. Geburtstag meiner Oma in Görlitz berichten. Andererseits, wahnsinnig progressiv kann es auch in Sankt Moritz nicht zugegangen sein. Man hörte, der DJ legte ausschließlich Hits von Beyoncé auf und gegen zwei Uhr war Feierabend. Kommen wir also besser gleich zu Görlitz.

Ein Dutzend Polit-Stars der ehemaligen DDR besuchten aus feierlichem Anlass den privaten Outdoor-Bereich am Jagdhaus des pensionierten Stasi-Oberst. Darunter der Gewerkschaftsminister a. D., mehrere hochdekorierte Ex-Kader sowie mein Onkel Heinz, früher Puffbetreiber und heute Musikkneipenwirt im Ausland.

Im Gegensatz zum schnarchigen Sankt-Moritz-Event sollten die Feierlichkeiten in Görlitz nur wenige Stunden später jäh mit einem Eklat enden. Auslöser wird der Werbetext auf der Faltschachtel eines Duschbades sein. Die Programmhöhepunkte habe ich zeitlich geordnet und in Stichpunkten zusammengefasst:

14.00 Uhr

Ankunft Gästeschaft. Anschließende Führung durchs Jagdhaus, vorbei an 500 an den Wänden befestigten Geweihen, Oberst a. D.: »Alle selbst erlegt.« Oma aus dem Off: »Der spinnt doch.«

15.00 Uhr

Platznehmen am Kaffeetisch: Marzipantorte. Leichtes Unwohlsein wegen Teilen der männlichen Verwandtschaft. Ältere Herren mit vom Bluthochdruck roten Köpfen, die ununterbrochen über Sex reden. Einer wendet sich zu mir, fragt grinsend, ob ich nicht Lust hätte, mit ihm »in die Pilze« zu gehen.

Humor, den ich zum Kotzen finde.

16.00 Uhr

Bereitstellung des Abendbrots, bestehend aus Wurstbergen und kiloweise rohem Hackfleisch, dazu Brot und Bier. Guten Appetit!

17.00 Uhr

Feierliches Überreichen des Präsentkorbes für die Oma, gefüllt mit Süßigkeiten, einer Torte mit Erich-Honecker-Motiv sowie mehreren Spaßartikeln, darunter ein Duschbad mit unfassbar witzigem Namen: *DDR* (Dusch Dich Richtig). Die Überreichende, meine Mutter, liest mit dem Ziel der allgemeinen Erheiterung den Text auf der Schachtel für alle Anwesenden laut vor.

17.05 Uhr

Onkel Heinz lacht, sonst niemand. Totenstille. Dann Tuscheln am Tisch. Eine Gruppe ehemaliger Parteimitglieder erhebt sich und verabschiedet sich geschlossen. Der DDR-Witz traf ins Mark. Zurück bleiben meine verdutzte Mutter mit einem Duschbad in der Hand, eine abwesend wirkende Oma sowie ein Kaffeetisch voller grauer Wurst.

Merke: Görlitz ist nicht Sankt Moritz und handelsübliche Scherzartikel zum Thema DDR kommen nicht mal bei ehemaligen DDR-Aktivisten an.

Mutter Courage

Berlin 1989. Aufgebrachte Menschen fordern: »Die Mauer muss weg!« Berlin 2013. Tausende skandieren: »Die Mauer muss bleiben!«

Ja, was denn nun? Geschichte kann verwirrend sein und ja, ich war eine der uninformierten Idioten, die da vor der East-Side-Gallery für den Erhalt des Mauerstücks demonstrierten, ohne vorher Aktenordner mit Dokumenten von Baubehörden und sämtliche Politiker-Analysen zur Lage gewälzt zu haben. Sozusagen aus einem Bauchgefühl heraus habe ich vordemonstriert und mich anschließend erst informiert. Solange ich keine Politik-Journalistin bin, kann ich mir solche Sperenzchen ja leisten … Jenes Bauchgefühl wurde übrigens durch ein Foto ausgelöst, auf dem Montageleiter Jose B. ein Stück Beton, türgroß, aus der East-Side-Gallery heraustrennte. Auf der Demo dann war ich zum Glück nicht alleine und Tausende hörten vor der Bühne der Fluchtgeschichte einer gebürtigen Vietnamesin zu. Sie erzählte, wie sie mit ihren zwei Kindern ohne Ehemann aus der DDR mit gefälschten Papieren erst nach Vietnam flog und von dort zurück zur anderen Seite Deutschlands in ein Auffanglager in der BRD. Sie hatte von allen Flüchtlingen dort den weitesten Weg hinter sich. Sie berichtete auch, dass die Leute in Vietnam unsere Geschichte, die Überwindung der Mauer ohne Blutvergießen, als eine Art Wunder empfinden. Vielleicht waren wir ja damals sogar im selben Auffanglager. 1989 landete ich nach unserer Flucht über die tschechische Grenze zusammen mit meiner Mutter und Schwester in der bayerischen Kleinstadt Dingolfing in einem Heim für polnische Gastarbeiter. Wir schliefen in Doppelstockbetten mit blaukarierter Bettwäsche.

Am Abend zuvor noch saßen wir im Wohnzimmer unseres Plattenbaus, als meine Mutter unvermittelt nach der Tagesschau zu mir sagte: »Pack deine Sachen, wir hauen ab.«

Ernsthaft, es gibt keinen besseren Satz, den man einem Teenager mitteilen könnte! Kurz darauf saßen wir im Trabant und rasten durch die Nacht Richtung Tschechoslowakei. Und dann bekam ich plötzlich Angst. Es war völlig unklar, was an der Grenze passieren würde. Ob sie uns zurück in die DDR schicken oder meine Mutter gleich wegen versuchter Republikflucht verhaften würden und ich mit meiner Schwester in ein Heim müsste. Am Grenzübergang wurden wir dann von Soldaten angehalten. Mein Herz klopfte bis zum Hals. Meine Mutter erklärte, dass wir in Prag Urlaub machen wollten. Sie glaubten uns natürlich nicht. Wir mussten aussteigen, und sie filzten uns. Ich sollte auch meine Sachen auspacken. Nervös hob ich die Tasche aus dem Kofferraum, sie öffnete sich und Haarspray, dutzende Ohrringe und Ketten fielen rasselnd zu Boden. Meine Mutter behauptet bis heute, das hätte uns gerettet. Kein Mensch würde vermuten, dass jemand, ausschließlich mit Modeschmuck und Kosmetik ausgestattet, eine Republikflucht plane. Sie ließen uns passieren, und gegen drei Uhr erreichten wir Prag. Wir parkten auf einem menschenleeren Platz gegenüber der Botschaft der BRD. Die Gaslaternen des Platzes brannten nicht, und wir konnten in einiger Entfernung Umrisse von Panzern erkennen, deren Kanonenrohre ins Innere des Platzes gerichtet waren. Meine Mutter rief: »Los! Rennt!«

Wir liefen, fielen, standen auf, liefen weiter … Stunden später saßen wir ohne Pässe und Gepäck im Sonderzug Richtung BRD.

Als die Mauer fiel, wohnte ich längst in Neukölln und jobbte im Zentrum des Kapitalismus: in der Süßwarenabteilung des KaDeWe. Wenn ich an der Mauer entlanglaufe, gehen mir viele Dinge durch den Kopf. Menschen wurden hier erschossen. Meine Familie lebt. Was für ein riesiges, unsagbares Glück! Wir haben etwas Einzigartiges erlebt, und die Narbe in Berlins Gesicht erzählt jeden Tag davon. Mit jedem Stück von ihr verschwindet ein Stück Identität von mir und von uns allen. Lasst uns behutsam mit ihr umgehen.

Papas Blick

In der Drogerie stand ich vor dem Nagellackregal neben einer Frau. Sie sah nett aus und trug einen vielleicht zweijährigen Jungen auf dem Arm. Hinter ihr rief jemand: »Kommst du endlich!« Als sie sich umdrehte, bemerkte ich, dass ihr rechtes Auge violett und angeschwollen war. Wir hatten kurz Blickkontakt, und ich wollte etwas sagen. Mir fielen aber keine Worte ein. Ich trug einen Block in der Tasche und sogar einen Stift. Schnell hätte ich etwas aufschreiben können, aber wer hat schon die verdammte

Nummer vom Frauenkrisentelefon – 030 615 42 43 – im Kopf. Vielleicht, so dachte ich, war sie ja auch nur gestürzt, allerdings hab ich vom Hinfallen noch nie ein Veilchen davongetragen.

Auf dem Heimweg dachte ich weiter an die Frau und ihren Sohn, der vielleicht, also im schlimmsten Fall, auch einmal seine Frau verprügeln wird. Hätte ich doch bloß was gesagt! Ich hoffe nun, dass ich mich irre und es eine harmlose Erklärung für ein blaues Auge gibt, das mich, genau genommen, auch gar nichts angeht. Wenn da nur nicht dieses Gefühl bliebe!

Ich muss fünf oder sechs Jahre alt gewesen sein, als mein Vater und meine Mutter stritten. Panisch lief ich um meine Eltern herum, während sie sich anbrüllten vor den hübschen weißen Schränken im Kinderzimmer. Ich weiß nicht mehr, worum es genau ging. Es muss aber etwas mit den Spiegeleiern zu tun gehabt haben. Die hatten wir zuvor gemeinsam am Küchentisch gegessen. Dann ging der Streit los und zog sich, zunehmend heftiger, von der Küche ins Wohnzimmer bis ins Kinderzimmer. Ich hatte große Angst und wollte meine Mutter verteidigen. Irgendwo fand ich eine winzige Stecknadel und stach diese nun meinem Vater immer wieder in den Hintern. Ich kann mich noch gut an seinen irritierten bis wutschnaubenden Gesichtsausdruck erinnern, als er mitten im Handgemenge innehielt und zu mir – dem entschlossenen Kind mit der Stecknadel – hinuntersah. Bald darauf ließen sich meine Eltern scheiden.

Ich hätte der Frau in der Drogerie gerne gesagt, dass sie

nicht allein ist und dass sie keine Angst haben soll und dass sie, also falls es so ist, vielleicht aufhören sollte, die Fehler bei sich selbst zu suchen. Und dass kein Versagen auch nur einen einzigen Schlag rechtfertigt. Und dass ich jetzt nebenan an der Kuchentheke im Supermarkt einen scheußlichen Kaffee trinken gehe und sie gerne einladen würde.

Im schlimmsten Fall hätte ich danebengelegen und sie würde mich wie eine paranoide Idiotin im Drogeriemarkt stehen lassen. Dies wäre dann wohl einer der seltenen Momente, in denen der schlimmste und der beste Fall in eins fielen. Hätte ich bloß was gesagt.

Familienbande – Geschenke

Es war einmal ein junger Mensch, der wollte seiner Mutter mit einem Geschenk eine Freude machen. Aufgrund seines geringen Alters (5 Jahre) verfügte er über keine eigenen finanziellen Mittel und lebte in vollständiger Abhängigkeit von seinen Erzeugern, was ihn unfassbar deprimierte. Weil der Mensch nun Realist genug war, zu wissen, dass ein selbstgebasteltes Präsent nichts ist im Vergleich zu einer goldenen Uhr, einem eigenen Raumschiff oder Bergen aus Schokolade, befand er sich in einem Dilemma. Es war nur eine Frage der Zeit, bis er auf die schiefe Bahn geraten würde. Eines Nachts, während die Eltern schliefen, schlich er ins Wohnzimmer. Hier öffnete er leise quietschend eine Schranktüre und entwendete, wohl aus Mangel an Alternativen, eine handelsübliche Tüte Erdnussflips. Die Tüte versteckte er im Kinderzimmer, bis er sie drei Monate später, aufwendig verpackt, der Mutter zum Heiligen Abend präsentierte. Zuvor wurde die Wohnung immer wieder vom Flüche murmelnden Vater nach den verschwundenen Flips durchsucht. Der junge Mensch bemühte sich dabei, vorm TV sitzend, möglichst unbeteiligt zu wirken, während das Sandmännchen im Hubschrauber, live vom DDR-Fernsehen übertragen, Landesteile der BRD mit Sonderabfällen in Form von magischem Streugut überschüttete …

Jahrzehnte später, im wiedervereinigten Deutschland, revanchierte sich die Mutter mit einem Geschenk, das an traumatischem Potential unüberbietbar blieb. Die Skulptur eines 1,20 Meter großen Gartenzwergs, der in exhibitionistischer Pose mit heruntergelassener Hose im Zentrum der Weihnachtstafel platziert war, hielt dröge lächelnd seine Genitalien zur Schau. Daraufhin zog die Beschenkte folgende Schlüsse:

A) Die furchtbarsten Geschenke kommen von denen, die man am meisten liebt.

B) »Danke, das ist ja toll!« – Der Tag mit der höchsten Lügendichte ist der 24.12.

C) Du sollst niemals Erdnussflips stehlen!

Die These von Nobelpreisträger Muhammad Yunus aus Bangladesh steht also auf wackeligen Füßen, wenn er sagt: »Geschenke spornen niemanden an. Sie machen träge.« Sie stimmen viel häufiger betroffen.

Es wäre nur konsequent, die Tradition des Schenkens endlich einzustellen, oder mindestens eine Art Geschenke-Führerschein zu entwickeln. Menschen dürften dann erst nach dreimonatiger Schulung und dem Erhalt eines psychologisch anerkannten Präsente-Zertifikats, ihre Gaben verteilen. Ich bin dabei, eine entsprechende Petition im Internet vorzubereiten. Ich hoffe, Sie unterschreiben dann auch.

AXEL [redacted] (von meiner Mutter der 2. Mann; (sind schon wieder geschieden)
Braune Augen, kurzes glattes braunes Haar, ein bischen dick (im moment ist er bei der Armee) 25 J.
INGRID [redacted] (meine Mutter)
grüne Augen, mittellanges dunkelbraunes glattes Haar, schlank 31 J.
JACQUELINE [redacted] (ich)
blaue Augen, langes lockiges dunkelblondes Haar, schlank 12. J
Sabine [redacted] (zu Zeit meine Freu
braune Augen, dunkelbraunes glattes mi-langes Haar 12 J. (ein bischen dick)
19

Analog

Im Idealfall hat jedes Kind zwei Großmütter, wovon die eine die dunkle Seite, die andere die gute Seite der Welt repräsentiert. Das Gute allein, das weiß man ja, taugt nicht sonderlich zur Unterhaltung, und vor allem in der beginnenden Pubertät gilt dem Bösen, genauer gesagt dem Grenzwertigen, höchstmögliche Aufmerksamkeit.

Ich hatte das Glück, über eine böse Oma zu verfügen, die in einem mehrstöckigen Haus mit angeschlossener Sauna und unzähligen, an die Wände genagelten Hirschgeweihen lebte. Zum Geburtstag der Enkelin ließ sie neben einem stets unveränderten, seltsam offiziell formulierten Glückwunschschreiben, postalisch auch regelmäßig 50 Ostmark anweisen. Für eine omatypische Verbundenheit war sie meist viel zu beschäftigt, und mit Einladungen auf das Anwesen der Großeltern wurde grundsätzlich gegeizt. Vielleicht erschien sie mir gerade deshalb als faszinierende Person, die es wie keine andere verstand, dem vermeintlich Bösen auch noch ein brillantes Erscheinungsbild zu verpassen. So war sie vermutlich die einzige Großmutter der DDR, die in einem Kostüm aus feuerrotem Lacklederimitat mit Schlangenprintmotiv und mit Perücke zu Familienfeiern erschien. Ihr Lachen war häufig eine Spur zu laut. Zudem war sie in der Lage, die wichtigsten Hits der Nachkriegszeit, ihrer Meinung nach allesamt von Marika Rökk, in musicalhaftem Gestus nachzusingen. Für mich war meine böse Oma die einzig akzeptable sozialistische Antwort auf Joan Collins – eine Oma wider Willen, die, statt Karriere als Filmstar zu machen, in dramatischer Pose vor heimischen Abwaschbergen zusammenbrach und ihrem Mann seufzend ein Leben lang die Schlappen ans Sofa tragen würde. Natürlich war meine Oma niemals wirklich eine böse Person, als Kind jedoch war ich fest davon überzeugt und schlichtweg begeistert.

Die andere Seite, meine großmütterliche Repräsentantin des Guten, wohnte allein in einer Einzimmerwohnung unter dem Dach eines unsanierten Altbauhauses. Im Winter schleppte sie täglich mit kaputter Hüfte die Kohlen für die Ofenheizung aus dem Keller hinauf unters Dach. Dabei jammerte sie nie. Sie verdiente sich ein Zubrot als Toilettenfrau, und weil sie Besitzerin eines geräumigen Herzens war, fühlten sich die Menschen und ihre Hinterteile auf den von der Oma behüteten Toiletten immer sofort behaglich und wohl. Säckeweise landete das Münzgeld auf ihrem Porzellanteller, und die Oma verfügte zwischenzeitlich über ein ordentliches Vermögen. Manchmal, an schwachen Tagen, trank sie heimlich Parfüm aus kleinen Flaschen, doch von ihrer Alkoholkrankheit ahnte ich damals noch nichts. Für mich war die Oma voller Liebe: weich und warm. Manchmal, wenn ich bei ihr übernachtete, wurde ein Bettlager auf der Couch im Wohnzimmer hergerichtet, der Fernseher fürs *Sandmännchen* eingeschaltet und die Kissen im Rücken zurecht geschüttelt. Dann wurde ich viel in den Arm genommen und mit jeder Menge omahaften Wangenknuffen malträtiert. Echte Omaliebe ist eben immer auch ein bisschen lästig. Morgens gab es eine ganze Tafel Schokolade zum Frühstück, und ich genoss ein erfülltes Enkelinnen-Dasein zwischen Gut und Böse, gutem naturkrausen und böse perücktem Oma-Haar bis in die frühen achtziger Jahre. Hiernach war das Gleichgewicht für immer erschüttert, denn die gute, naturkraus gelockte Oma verstarb viel zu früh im Alter von 62 Jahren.

Zum Abschied schenkte sie der Enkelin das erste Erlebnis einer Beerdigung. Ein Ereignis, das mich nachhaltig beeindruckte und auf über zwei Seiten im Tagebuch behandelt wurde. Neben einer ausführlichen Kleidungsanalyse erfährt man auch von Onkel M., der in der DDR wegen versuchter Republikflucht als junger Mann ins Gefängnis gesperrt wurde und dem man daraufhin das Erziehungsrecht für seinen Sohn und meinen Cousin entzog.

Ich bin heute sehr früh aufgewacht. Meine Mutter war schon seit 7.30 Uhr wach.

Ich war noch sehr müde, denn ich hatte nur fünf Stunden geschlafen. Doch ich musste ja aufstehen, denn die Beerdigung meiner Omi sollte um 9.30 Uhr stattfinden.

Mami fragte mich, ob ich nicht lieber doch zu Hause bleiben will. Nein, ich wollte mit. Mami hatte sich ganz in Blau gekleidet: blaue Hose, blaues Jackett, blauer Pulli, blaue Schuhe. Ich hatte meine karierte Karottenhose angezogen, ein Nicki mit blauer Aufschrift, blaue Windjacke und Turn-

schuhe. Ich war trotz dieses traurigen Ereignisses heiter gestimmt. Ich konnte es wohl nicht fassen. Wir, also Mami und ich, sind die Straße scherzend hinuntergelaufen, bis Papi sich von hinten leise anschlich und sich mit uns diesen kleinen Spaß erlaubte. Mein Papi hat seinen Bruder für diesen Tag aus dem Knast geholt. Er sitzt wegen Fluchtversuch und so. Wir holten unser Gesteck ab aus dem Blumenladen. Es sah hübsch aus. Darauf stand: »Als letzten Gruß.« M. ist der Sohn von X und X wurde das Erziehungsrecht für ihn abgesprochen. Nun ist er im Heim und darf nicht zur Beerdigung. Papi hatte auch einen sehr schönen Kranz gekauft. Nun war es soweit. Wir standen im »Neuen Friedhof« vor der Kir-

che. Wir gingen langsam und andächtig hinein. Ein schöner Sarg stand in der Mitte des Raumes, von zwei großen Kerzen umgeben. Viele Blumen standen ringsum. Hintereinander wurden von den Leuten die Kränze und Gestecke niedergelegt. Dann setzten sich alle auf beliebige Plätze. Die Tür wurde geschlossen – Stille. Auf einmal erklang Orgelmusik. Dann kam ein Mann und schüttelte denen, die in der ersten Reihe saßen (auch mir), verständnisvoll die Hand. Die Musik verstummte. Der Mann trat auf eine Art Podest hinter dem Sarg und hielt eine kurze Rede über Omi. Diese Rede war meines Erachtens nach nicht besonders. Nach der Rede erklang wieder Musik und der Sarg wurde in eine Gruft hinuntergelassen, wie von selber.

Der Tod meiner Oma war nicht meine erste intensive Verlusterfahrung. Denn zu unserer Familie gehörten stets auch jede Menge Tiere. Das Zeitdefizit der schichtarbeitenden Mutter wurde neben einem überdimensional hohen Taschengeld mit ständig neuen Haustieren kompensiert. Ich besaß Schildkröten, Meerschweinchen, Hasen,

Zwergkrallenfrösche, Rassekatzen, ungezählte Hamster, afghanische Windhunde und Wellensittiche wie den blauen Charlie. Man kann nicht sagen, dass dies immer gut für die Haustiere war, aber ich, das Kind, genoss stille Momente des Glücks als frühe Tierhalterin in der DDR. Die räumlichen Voraussetzungen waren nicht immer die besten und die Fluktuation der Vierbeiner beachtlich, doch ein Leben ohne Haustier schien im Hause A. sinnlos.

Mami ruft mich, ich komme, und sie sagt Folgendes: »Mir ist was ganz Schlimmes passiert.« Ich: »Was denn?« Sie: »Naja, naja …« Ich: »Sag doch mal!« Sie: »Der Charlie ist mir weggeflogen.« Danach brach Hektik aus, die nach zwei Minuten beendet war. Nach ein paar Tagen griff ich zu Papier und Stift und schrieb Zettel, dass unser Vogel weg war. Ich machte mich gleich auf den Weg, die Zettel anzubringen. Zuerst an einem Baum, dann an unserer Kaufhalle. Und da sah ich das Schild Wellensittich zugeflogen. *Ich machte noch schnell den anderen Zettel fest, dann rief ich an und nachmittags ging ich hin. Ich glaub, ich war vier Mal da, dann endlich traf ich jemanden. Er fragte mich aus, wie der Vogel aussah und ich redete immer drumherum. Ich hatte den Vogel gesehen und sah gleich, dass es nicht Charlie war. Ich nahm ihn trotzdem mit und so haben wir einen neuen Charlie.*

6
Zukunft
(Leben im Wald, auf dem Mars und andere letzte Optionen)

Jackie Asadolahzadeh

Geboren: als Hildegard Jackie von Bingen 1098 in Bermersheim (oder Niederhosenbach)

Beruf: Universalgelehrte

Sternzeichen: Bimsstein

Hobbys: mit Abt Kuno von Disibodenberg über Askese streiten, Kloster gründen

Letzter Drink: ein Fass Fencheltee

Letzte Meldung: Die Seele liebt ihren Leib und hält ihn für ein schönes Gewand und eine erfreuliche Zier! (21 Freunden gefällt das)

Letztes Buch: Ines Sebesta: „Nackte Unterhaltung. Saunageschichten"

Letzter Tanz: Grizzly Mix – Archipel http://soundcloud.com/grizzly/archipel

Kontostand: - 1768,15 Euro

Bankinformation: Lücken in der Altersvorsorge, keine eigene Immobilie, Geldanlage vernachlässigt? Das lässt sich alles richten, es ist noch nicht zu spät.

Lisa: »Ich habe eine futuristische Tomate gezüchtet, indem ich sie mit Anabolika gedüngt habe.«
Bart: »Verhelfen die unseren Olympia-Teilnehmern, neue Spitzenrekorde zu erzielen?«
Lisa: »Die selbige Sorte. Ich würde sagen, diese Tomate wischt den Hunger in der Welt vom Tisch.«
Lisa Simpson in Keine Experimente

Meine Tomatenpflanze war das Verlegenheitsgeschenk eines DJs. Wir waren kurzzeitig ein Paar, und sie sollte wohl für etwas entschädigen, das mit Alkohol, verpassten Verabredungen und Fremdknutschereien zu tun hatte. Die Tomate wuchs in einer leeren Ginflasche auf meinem Balkon heran und während die Beziehung einging, bewies die Pflanze Hartnäckigkeit. Inzwischen ist sie kniehoch. Ich pflanzte sie in den verwilderten Garten meines neuen Wohnsitzes, ein altes Haus am Wald. Jetzt hoffe ich darauf, dass sie Früchte mit neuartiger Geschmacksrichtung trägt. In der Vergangenheit, das weiß der Leser inzwischen, habe ich häufiger durchgeraved und abgefeiert. In der Zukunft plane ich einzubuddeln, anzupflanzen und abzuernten. Mein Alltag wird von Katzen und schnellem Internet geprägt sein. Ich werde

Schlapphüte tragen, Texte bloggen und meine Gartenpflanzen mit DJ-Mixen von Grizzly und Lassmalaura beschallen. Vielleicht werde ich dann mit dem Nachtleben abschließen und ein neues Lebenskapitel aufschlagen. Ich könnte aber auch einfach weitermachen wie bisher. Ich bin mit den Berliner Clubs aufgewachsen, da wäre es doch nur konsequent, hier auch alt zu werden. Dann würde ich in die Geschichte eingehen als Berlins unermüdlichste Partyoma. Die Menschen, das merke ich immer wieder, sehnen sich ja nach einem Ansprechpartner in Sachen Clubgeschichte. Und einer muss den Job doch machen. Ich hoffe nur, im Berghain gibt es in 20 Jahren einen Treppenlift und im Kater Holzig ein schönes Kuchengedeck auf der Karte. Viele der anderen werden dann ebenfalls alt sein. Wir werden weniger Alkohol trinken, schlechter hören und langsamer tanzen, das Wichtigste jedoch ist: Wir tanzen. Als Kind verschwendete ich keine Gedanken an die Zukunft. Dies ist auch der Grund, warum dieses Kapitel über keine Tagebucheinträge verfügt – ich fand nicht einen einzigen zum Thema Zukunft!

Einmal diskutierte ich mit meinem Freund vor besagter Tomatenpflanze im Garten und er sagte, in der Zukunft werde alles immer kleiner. Ich wünsche es ihm nicht, denn er ist zwei Meter groß und stößt sich schon heute an jedem zweiten Türrahmen den Kopf. Wissenschaftlich betrachtet, wird die Miniaturisierung der Mikroelektronik und das geschickte Manipulieren von Atomen schon bald Erstaunliches hervorbringen oder wie der Physiker Michio Kaku laut dachte: »Mithilfe der

Nanotechnologie ließe sich vielleicht bis Ende des Jahrhunderts eine Maschine bauen, die alles aus fast nichts schaffen kann.« Das muss man sich mal vorstellen: Eine einzelne Maschine, einsetzbar für so gut wie alle Belange. Das klingt nach paradiesischen Zuständen und Hängematten für alle. Bis dahin ist dann hoffentlich auch die digitale Revolution abgeschlossen. Wir haben ja gut vorgelegt. Ein aktuelles Smartphone kann heute schon mehr leisten als die Raketen der Nasa im Jahr der ersten Mondlandung, und die Rechenkapazität von Computern verdoppelt sich ungefähr alle 18 Monate. Zum ersten Mal in der Menschheitsgeschichte kommunizieren wir in Echtzeit über den Globus miteinander. Wir laufen mit gesenktem Kopf die Straße entlang, immer dem Smartphone hinterher, als wäre es eine Wünschelrute. Statt Wasseradern suchen wir nach 3G und W-Lan. Wir twittern an roten Ampeln und diskutieren beim U-Bahn-Fahren über Postings in sozialen Netzwerken. Unser Alltag und unsere Mentalität verändern sich rasant und schon jetzt sind wir die schnellst- und bestinformierteste Spezies, die der Planet je erlebt hat. Dass wir gleichzeitig auch weiser und liebenswerter werden, konnte ich allerdings noch nicht bemerken. Ich schwanke daher zwischen Euphorie und Weltuntergangsstimmung. An besonders missmutigen Tagen wünsche ich mich weg, mitunter auf einen anderen Planeten. Die Nachricht über das Projekt *Mars One* fand ich in diesem Zusammenhang interessant. In den USA wird unter diesem Namen der erste bemannte Flug auf den Mars vorbereitet, um dessen Besiedlung ab 2022 vorzunehmen. Auf der Website von Mars One kann sich jeder bewerben, der Name, Geburtstag, Größe, Gewicht, Lebenslauf sowie einen Bewerbungsbrief hinterlegt. Ich habe auch eine Bewerbung geschrieben, bisher aber noch nicht abgeschickt. Grundsätzlich finde ich es nämlich nicht verlockend, auf einem sonnenlosen Planeten mit erhöhter Radioaktivität zu leben. Ich halte es aber für eine, sagen wir mal, mögliche letzte Option.

Endhaltestellenlotto

Wir spielten dieses Spiel an den Wochenenden. Wir zogen am S-Bahn-Automaten ein Ticket, setzten uns in eine beliebige Bahn und fuhren bis zur letzten Station. Dann folgte, reichlich planlos, die Erkundung des Gebietes. So wanderten mein Freund und ich vorbei an Plattenbauten in Feldrandlage, fluchten über fehlende Handy-Netzverbindungen, entdeckten Schlösser an menschenleeren Seen und lebensgroße Gorilla-Statuen in Vorgärten.

Manchmal brachen wir auch unsere eigenen Regeln. Beim letzten Mal stiegen wir am S-Bahnhof kurzerhand in einen Regionalzug um. Wir rauschten Richtung Norden, vorbei an Windrädern, Bisonherden und Landstrichen mit blaurotem Heidekraut. Eine Viertelstunde später stiegen wir am Rand eines Tannenwaldes aus. Der Dorfkern in Z. ist unspektakulär und an einer Hauptstraße gelegen. Er besteht aus einer Kirche, ein paar Bauernhöfen und dem sozialen Hotspot Schmittis Modecafé. Wir spazierten durch einen Tannenwald, passierten Pferdekoppeln und eine alte Mühle. Als es dämmerte, standen wir vor einem kleinen Haus, an dessen marodem Gartentor ein Schild hing: *Zu verkaufen.* Das Haus stand in einem großen verwunschenen Garten, versteckt zwischen hohen Kiefern und Flieder. Wir mochten es sofort. Immer wieder sind wir mit dem Regio nach Z. gefahren, tranken Kaffee in Schmittis Modecafé und besuchten den verwilderten Garten. Wir fragten uns, wie es wohl wäre, hier zu leben. Dann sprachen wir die Leute auf der Straße an. Wir wollten herausfinden, wie die Bewohner von Z. so drauf sind, ob es schnelles Internet gibt und wie man in einem Ort ohne U-Bahn-Anschluss, Supermarkt und W-Lan-Cafés eigentlich überleben kann. Fast alle nahmen sich Zeit, reagierten freundlich und hilfsbereit. Am Ende haben wir uns getraut und das Haus wirklich gekauft. Auch, weil es verhältnismäßig günstig war und das Risiko eines Fehlkaufs durch einen Hauptwohnsitz in Berlin überschaubar bleibt. Inzwischen kennen wir unsere Nachbarn mit Vornamen und lernen erste Vorteile des Lebens in einem 2000-Seelen-Dorf kennen. Man hilft sich untereinander mit Mitfahrgelegenheiten und Schubkarren aus. Weil Z. nah an Berlin liegt, können wir uns gut vorstellen, einmal ganz überzusiedeln. Letzte Woche mussten wir aber auch die Kehrseite der Idylle kennenlernen. Da saßen am Kneipentisch drei Typen, die Witze über Muslime rissen und sich unter Gelächter damit brüsteten, die Alimente für die eigenen Kinder zu spät zu zahlen. Wir hatten uns auch nach Rechtsradikalismus erkundigt und versichert bekommen, dass dies hier kein Thema wäre. Lediglich ein Sprichwort bestätigt sich: Gegen Dummheit ist noch kein

Kraut gewachsen. Nicht mal in brandenburgischen Heidekrautlandschaften! Ist es nun ein Hauptgewinn oder sind es doch nur drei Richtige beim Endhaltestellenlotto? In ein paar Jahren werden wir mehr wissen.

Zukunftsmusik

Letztens erhielt ich eine E-Mail. Jemand von der Freien Universität Berlin interessierte sich für die Zukunftsvisionen der Nachtlebenreporterin. Es ging um eine neu zu entwickelnde App und irgendetwas, das ich nicht in Gänze verstand. Ich war mir nicht sicher, ob ich das Zeug zur Zukunftsprofessorin hätte, aber mir fiel ein Gespräch ein, das ich vor Jahrzehnten unter Drogeneinfluss und in einem knappen *Raumschiff-Enterprise*-T-Shirt am Tresen einer Afterhour-Location geführt hatte. Der DJ und ich waren die zweite Nacht in Folge zusammen unterwegs, wir redeten ununterbrochen. Es war in den frühen Neunzigern, es herrschte akute Technologieeuphorie, Musik brauchte keine Melodien mehr, die Mauer war weg, und wir fühlten uns getragen von diesem Jetzt-gehts-los!-Gefühl. Der DJ berichtete mit Schweißperlen auf der Stirn, dass Inhalte unserer Persönlichkeit demnächst auf winzigen Chips gespeichert werden würden. Unsere Körper bräuchten wir bald nicht mehr, denn das Leben im Cyberspace sei unbegrenzt. Ich saß daneben auf dem Barhocker und beobachtete angestrengt mein Glas, das ständig Form und Farbe zu verändern schien. Im Hintergrund lief Prodigy's »Out Of Space« und gleich würde ich aufstehen, um die nächsten zwei Stunden oder Jahre zu tanzen. Auf die nächtliche Euphorie folgte ein unfassbarer Kater und bald auch Ernüchterung, denn, so viel war klar, solange Menschen mit Staubsaugern auf dem Rücken einschlägige Technolokale besuchten, war die Zeit für eine Technologierevolution noch lange nicht gekommen.

Jahre später erhielt ich also diese E-Mail und antwortete pragmatisch. Gefragt wurde nach Ideen für das Jahr 2020, für eine nahe Zukunft also. Ein Ort wie der Club Watt in Rotterdam, der die Bewegungsenergie der Tanzenden in Strom umwandelt, sollte dann europäischer Standard sein, antwortete ich. Wir werden über neuartige Alkoholika verfügen ohne Nebenwirkungen und Suchtpotential. Die Jugend von heute ist dann auf der Kaffeefahrt von morgen: 60-Jährige mit Zahnersatz pilgern zur Sonntags-Matinee ins Technomuseum Berghain, um in seltsamen Hosen aus schwarz gefärbten Tierhäuten zu dieser Musik von damals zu feiern. Clubkultur, wie wir sie heute kennen, ist dann längst nicht mehr relevant. Nachfolgende Generationen, in der Überzahl Nerds, werden sich in Internetkneipen oder mit komplexen Computergames amüsieren, in denen Clubleben, Social Community, Musik und Spiel miteinander verwoben sind. Hipsterpotential wird von Fantasie, Intellekt und sozialer Kompetenz abhängig sein. Äußerliche Werte wie körperliche Attraktivität, BMI oder Alter werden einen zukünftig nicht mehr weiterbringen. Unser Sozialleben, innerhalb wie außerhalb der Netzwelt, wird sich nachhaltig verändert haben.

Mit dem Thema Amüsierbetrieb 2.0 experimentiert man gerade auch im Chez Icke. Bei dem Theaterprojekt, 2013 zu Gast beim Impulse Theater auf der Biennale, treffen sich Schauspieler, Musiker, Autoren, Trinker und Nichttrinker am Tresen. Die Szenerie wird live ins Internet übertragen. Dabei können Internetnutzer in die Handlung eingreifen und die Schauspieler als Avatare nutzen. Sie können ihnen Aufgaben stellen, beispielsweise Getränke ordern, oder sie auffordern, ein Gespräch mit einer bestimmten Person anzuzetteln. Auf diese Art können die Geschehnisse in einer kleinen Kneipe von jedem Ort in der Welt beeinflusst werden. Letztes Jahr hatte ich das Vergnügen, bei dem Projekt mitzuwirken. Seither wünsche ich, jeder Club wäre vernetzt wie das Chez Icke. Dann könnte ich meine Recherchen bequem vom Sofa aus lenken. Ich würde Avatare auf die Tanzflächen und an die Bars schicken, damit sie für mich tanzen, Informationen sammeln und stellvertretend alle Sorten Schnaps in sich hineinschütten. Nie wieder hätte ich einen Kater, und bequem bis ins hohe Alter könnte ich als Nachtlebenreporterin mein Geld verdienen. Nebenbei wäre auch noch eine alte Party-Weisheit belegt: Bedeutende Zukunftsvisionen beginnen und enden meist am Tresen.

Technologische Lebensoptimierung

Mein Kumpel W. hat sich einen Staubsaugerroboter gekauft. Ein rundes Ding, das durch seine Wohnung rollt, um Krümel und Katzenhaare einzusaugen. W. sagt, das Fahrdiagramm auf dem Teppich sei unsystematisch und einige Staubflusen, so W.s Eindruck, umfahre der Roboter vorsätzlich. Das teure Gerät sei zudem sehr laut und bleibe regelmäßig unter der Couch stecken. Wegen eines Garantiescheines könne er es nun zurückschicken und bekäme den vollen Kaufpreis erstattet. Aber W. denkt gar nicht daran. Der Grund der Anschaffung hat nämlich nur in zweiter Linie mit Fußbodenreinigung zu tun und könnte Produktentwicklern von Staubsaugerrobotern weltweit völlig neue Impulse liefern. W. erklärte mir, dass er sich durch einen zweckentfremdeten Einsatz die Anerkennung von Millionen Usern sowie kommerziellen Erfolg im World Wide Web verspricht. Zur Verdeutlichung zeigte mir W. ein Internetvideo, in dem eine Katze auf einem Staubsaugerroboter sitzend gemütlich durch eine Wohnung kreist. Das Szenario erinnerte an eine Art mobile Kunstinstallation von Joseph Beuys und hat mehrere Tausend Fans, auch Werbung wird dort geschaltet.

Nun versucht W. seit Wochen, seine Katze dazu zu bewegen, ebenfalls mit dem Staubsauger durchs Wohnzimmer zu reisen, worauf die Katze jedoch keine Lust hat. Der geplante Videodreh fand bis heute nicht statt, und W. ist unglücklich, weil ein Produkt der neuen Technologie mal wieder Begehrlichkeiten weckte, die unerfüllt blieben.

Noch heikler wird es, wenn der sensible zwischenmenschliche Bereich technologische Optimierung erfährt. Mein Freund schickte mir jüngst eine Einladung zu Pair, eine Handy-App, die für liebestrunkene Paare spezielle Wege der Kommunikation anbietet. Man kann sich hiermit zum Beispiel Daumenküsse schicken. Wie, Sie kennen keine Daumenküsse? Dabei berührt man das Display seines Handys, auf dem dann hoffentlich auch der Fingerabdruck des Partners erscheint, der im selben Moment sehnsüchtig sein Display berührt. Die erfolgreiche Zusammenführung der Partnergliedmaßen wird von der App dann mit einem rosa Lichtflackern gewürdigt. Man kann sich auch an unbeholfenen Bildchen erfreuen, meist Herzen oder krakelige Strichsonnen, die der Partner auf dem Display als Symbol der ewigen Liebe entwirft. Schwerwiegende emotionale Mitteilungen kann man auch direkt einsprechen und versenden. Zuletzt habe ich laut in mein Handy geseufzt und das Tondokument meinem Partner geschickt. Ich fand das lustig, aber er machte sich daraufhin große Sorgen. Eine Zeitlang haben wir uns dann ständig diese Gedankenwolken zugeschickt. Sie gingen in einer Tour auf dem Handy hin und her – ernsthaft, ich kam zu nichts mehr. Als endlich Ruhe einkehrte, ärgerte ich mich dann doch. Schließlich hatte mein Partner die letzte Wolke nicht erwidert! Gereizt rief ich an und fragte nach dem Grund. Er redete sich raus, und dann stritten wir. Der österreichische Schriftsteller Karl Kraus hat mal gesagt: Das ist das wahre Wunder der Technik, dass sie das, wofür sie entschädigt, auch ehrlich kaputt macht. So einen Staubsaugerroboter, eine leistungsstärkere Version des Models von W., schaffen wir uns trotzdem an.

Dänisch im Ritter Butzke

Letztens stand ich vorm Innenministerium, brüllend, mit einem beigen Sommerpumps in der Hand. Was hat das Internet nur aus mir gemacht?

Natürlich hab ich mich schon länger für Politik interessiert, war jedoch nie sonderlich aktiv. Ich war der Meinung: Bringt eh' alles nichts. Außerdem zu faul, täglich die Politikseiten von der FAZ bis zur Süddeutschen durchzuarbeiten. Stattdessen zog ich mir in der einschlägigen Presse Fotos betrunkener wie sliploser Filmschauspielerinnen beim Einsteigen in schwarze Limousinen rein. Dafür ist nun keine Zeit mehr. Entweder bin ich im Internet oder demonstriere, unterschreibe virtuelle Petitionen oder nehme an Volksentscheiden teil, über die ich im Internet informiert wurde. Und das Merkwürdige ist, es funktioniert – zumindest teilweise.

Der Volksentscheid *Unser Wasser* wurde durchgesetzt, und nach dem Anblick meines abgelatschten Pumps bei der Anti-Guttenberg-Demo, legte der falsche Doktor, offenbar peinlich berührt, sein Amt nieder.

Jedenfalls besitze ich noch sehr viele Schuhpaare für alle möglichen Anliegen und ich verfüge über Internet. Ich korrigiere, ich liebe Internet, weil ich, unabhängig von Geld und Parteien, Einfluss nehmen kann, weil es mir mit den Informationsströmen und schnellen Absprachemöglichkeiten ein Eins-a-Werkzeug an die Hand gibt, mit dem ich und jeder andere Wicht etwas bewirken kann. Gelebte Demokratie – wie geil ist das denn bitte? Mein Partner sagt ja, ich wäre da zu euphorisch.

Klar gibt es auch Nachteile. Letztens erfuhr mein ungebremster Optimismus einen Dämpfer, als mir ein Taxifahrer in gebrochenem Deutsch erläuterte, er hätte so viel zur Erkrankung seines Schwiegersohns gegoogelt, dass er nun selbst als Arzt praktizieren könne. Einen ironischen Unterton konnte ich auch später nicht während seiner detaillierten, 20-minütigen Schilderung einer Magen-Darm-OP feststellen.

Besonders im zwischenmenschlichen Bereich sorgt die Komplett-Vernetzung für Ärger. Mit dem eigenen Freund bei Facebook verbunden zu sein, offenbart mitunter Dinge, von denen man lieber nichts gewusst hätte. Es war Samstagnacht, und K., mein damaliger Partner in spe, teilte mir am Telefon mit, er würde genau wie ich seinen Abend gemütlich vorm TV verbringen. Dann wünschte er mir mit schläfriger Stimme eine gute Nacht.

Als ich gegen zwei Uhr morgens im Bademantel noch mal zum Rechner schlappte, war ich dann doch ziemlich überrascht, als K. hier im 20-Minutentakt und zunehmend alkoholisiert Details zur Lage aus dem Ritter Butzke twitterte, zum Beispiel über die »unaushaltbar geile Dänin am DJ-Pult«.

Am nächsten Morgen machte ich dem noch verkaterten K. eine Riesenszene bei Facebook, an deren Ende er, nicht unpathetisch, mit virtuellem Selbstmord drohte, allerdings mit einer Einschränkung: Seinen Twitteraccount würde er, schon wegen des Infoaspekts, wie er sagte, weiter nutzen.

Die Geschichte liegt ein knappes Jahr zurück, und K.

ist wie die meisten meiner FB-Friends noch immer bei Facebook aktiv.

Er lebt wirklich noch. Das habe ich bei mehrfachen Treffen überprüft. Leider kann ich das nicht von jedem meiner virtuellen Freunde mit Sicherheit sagen. Vor allem jetzt, wo gerade Nachrichten über das sogenannte Astroturfing die Runde machen. Es geht dabei um Software, die zum gezielten Manipulieren sozialer Netzwerke entwickelt wurde. Fake-Profile, massenhaft produziert, könnten sich in Diskussionen der Foren und Blogs einschalten und diese im Sinne von Unternehmens- und Regierungsinteressen beeinflussen. Für normale Nutzer wären die ausgefeilten Kunst-Profile von echten ununterscheidbar.

Klingt nach Science-Fiction-Roman, ist aber real und irgendwie auch beängstigend. Versuchen wir, es daher positiv zu sehen: Falls der Taxifahrer nicht in dieser Sekunde eine Praxis für Gastroenterologie am Alexanderplatz eröffnet, ist die Gefahr noch nicht akut!

Seniorenmesse

Kennen Sie das, Sie wachen auf und fühlen sich unendlich alt? Leider passiert mir das in letzter Zeit häufiger – die langen Partys, der Alkohol, verlorene Hausschlüssel, als letzter Fahrgast an der Betriebsendhaltestelle der M1 vom Bahnfahrer geweckt werden – so was zieht ja nicht spurlos an einem vorüber.

Ich beschloss, in die Offensive zu gehen und mich in

meiner Funktion als Party- und Eventreporterin auch mal einer Veranstaltung zu widmen, die mir und meiner sich ankündigenden Midlifecrisis nur guttun konnte. Ich akkreditierte mich also für die Potsdamer Seniorenmesse. Es ging darum, einerseits Informationen zur finalen Lebensplanung zu sammeln, andererseits um mich – ich gebe es zu – an den Gebrechen anderer ein bisschen aufzubauen. Sich sonntags auf der *Vital 50 plus* jung und spritzig fühlen – das dürfte ja nicht so schwer sein!

Allerdings kam dann doch alles anders. Denn vor jedem Sonntag findet eine Samstagnacht statt, man hätte es auch vorher wissen können. Über ein Internetportal verabredete ich mich mit ein paar Leuten in der Ponybar. Wir kannten uns nicht persönlich. Die Situation war etwas angespannt, und wir beschlossen zu trinken: Sekt. Schnell wurde die Stimmung besser, und geradezu euphorisch zogen wir Stunden später weiter ins Picknick. Hier gab's wieder Sekt, dazu rote Luftballonherzen und betrunkene Tänzer – darunter auch wir. Beim Rauswanken war es bereits hell. Um zehn Uhr saß ich im komfortablen und klimatisierten Shuttle-Bus Richtung Metropolishalle Potsdam. Es ging mir schon ziemlich beschissen. Ein aufmerksamer Senior rückte einen Platz weiter und überließ mir seinen Sitz in WC-Nähe. Dann, in der Messehalle angekommen, dröhnte mir Countrymusik entgegen, ältere und jüngere Herrschaften des Vereins Dancin' Devils führten gerade eine robuste Variante des Linedance vor. Als ein Großteil der Messebesucher zum Mitmachen aufgefordert wurde, sprach man mich gar nicht erst an – wohl wegen der ungesunden Hautfarbe.

Mit Unmut musste ich feststellen, dass es auf der Seniorenmesse an Sitzmöglichkeiten mangelte, und so schleppte ich mich vom bestuhlten Beratungsstand *Betreutes Wohnen* zum nächsten mit *Frischmilch-Test*, bei dem diverse Sorten zum Probieren bereitstanden. Allein der Anblick wirkte verheerend, und nachdem mir eine strahlendfreundliche Dame an der Info-Theke einer Potsdamer Klinik den Blutdruck gemessen hatte, bekam ich direkt die Empfehlung, einen Moment auf der Patientenliege zu ruhen. Aus der Horizontalen beobachtete ich nun Gruppen weißhaariger Menschen in wetterfestem Schuhwerk lebhaft die Angebote der Messe besprechen. Es ging um Kurreisen, Versicherungen, Trockenobst und alternative Heilmethoden. Viel mehr konnte ich nicht heraushören und wegen anhaltenden Unwohlseins nahm ich den nächsten Bus zurück nach Berlin. Auf der Rückfahrt teilten sich Rentnerinnen Streuselkuchen und Kaffee aus Thermoskannen, während ich, mit zittrigen Händen, die neueste Ausgabe der Allgemeinen Seniorenzeitung durchblätterte. *Reich in Rente* lautete ein Thema, daneben der Buchtipp namens *Internationale Scheidungs- und Heiratsparadiese* – leise Hoffnung kehrte ein: ab sechzig wird wohl alles besser.

Der Tod

Das Wetter ist gerade so schön, da wollte ich kurz mit Ihnen über den Tod sprechen.

Auslöser war ein Artikel zum Thema in der Berliner

Zeitung, dessen Inhalt mich nicht bedrückte, sondern, zum Leidwesen meiner Bekannten, nachhaltig beschäftigte. Ich fragte mich (und auch die Bekannten), warum ich eigentlich so wenig über den Tod höre. Wobei, gelegentlich höre ich ja von ihm, als Nachricht oder Statusmeldung bei Facebook, *R.I.P. Person Sowieso* steht dann da. Mich berührt das seltsam, nicht wegen möglicher Bedenken zur Pietätslosigkeit mit der Daumenhoch-Symbolik oder den Wortbeiträgen, die, selbst aus tiefstem Herzen kommend, noch banal in den Kommentarleisten wirken. Ich vermisse mehr etwas Grundlegendes, ein Gefühl für einen natürlichen Kreislauf der Dinge, eine Art Selbstverständnis, den Tod als Bestandteil des Lebens zu sehen. Mir ist das nie gelungen. Wie auch, wenn um mich herum immer alles jung und schön sein will?

Ich weiß nicht, wie es in Ihrem Leben aussieht, aber ich treffe höchst selten alte Menschen. Meistens begegne ich Leuten auf der Straße mit Kaffeebechern, die keine Zeit haben: Becher leer, Kalender voll – Termine bis 2018. Für den Tod hat niemand einen Termin und ich verspüre ja auch keine Sehnsucht, ich will lediglich verstehen, mit wem ich's zu tun bekommen werde. »Sterben ist nichts für Feiglinge«, hat meine Oma immer gesagt.

Sie ist über achtzig und erwartet zu Hause in einem Dorf und unter einer Wolldecke auf der Couch ihr letztes Date. Wenn ich sie besuche, dichtet sie manchmal, über Engel und alles Mögliche. Es sind keine melancholischen Texte, eher so robust-lustige, in denen der Engel die Harfe einpacken und sich wieder verpfeifen soll. Sie lacht mehr als früher, und ich hab mich gefragt, wieso ihre Augen, so wach und blau, überhaupt nicht alt wirken, denn alles andere an ihr erscheint von Tag zu Tag gebrechlicher. Sie isst nicht mehr viel, aber Eierlikörеis und Kaffee gehen immer, meint sie. »Ich wundere mich, dass ich heute schon wieder aufgewacht bin«, hat sie beim letzten Mal gesagt. Irgendwie erstaunlich, mit welch Gelassenheit sie der Sache entgegensieht. Nun ja, meine Oma hat bisher keine schlimmen Schmerzen, sie hat ihre Familie um sich herum und ein Sofa mit Blick auf den Wald. Es könnte also schlimmer kommen.

Es könnte einen beispielsweise unvorbereitet treffen, im ersten Lebensdrittel und ohne Zeit für Verabschiedung. Im Januar starb Ralf Regitz, ein Berliner Partyorganisator, DJ Gianni Vitiello ging 36-jährig zwei Jahre zuvor. Beide waren keine Freunde von mir, aber Bekannte, der gleichen *Generation Techno* zugehörig und vermutlich mit ähnlichen Dingen beschäftigt: feste Beziehungen, Jobbaustellen, elektronische Musik und ein Sack voller Angelegenheiten, die geregelt werden wollen.

Die Meldungen haben mich erst betrübt und nachdenklich gemacht, dann setzte Dankbarkeit ein, dafür, dass man selbst noch leben darf. Ich nahm mir vor, zukünftig Chancen besser zu nutzen und mutiger zu sein, auch respektvoller mit den eigenen Ressourcen umzugehen – nicht so viel rauchen! Am nächsten Tag hatte ich's dann wieder vergessen.

Zum Glück beschäftigen sich auch weniger vergessliche Menschen mit dem Thema. Das Magazin Polar, viele der Mitarbeiter kaum älter als 30, hat seine Jubiläumsausgabe dem Thema *Tod und Gesellschaft* gewidmet, und jetzt werde ich losgehen und mir die Zeitschrift kaufen. Das Wetter ist ja gerade so schön!

Bewerbung

Sehr geehrte Damen und Herren,

hiermit möchte ich mich für Ihr Projekt »Mars One – The Human Settlement of Mars« bewerben.

Ihre Facebook-Präsentation hat mich sehr beeindruckt und gerne würde ich Ihr Team bei diesem interessanten und zukunftsweisenden Projekt unterstützen. Anbei sende ich Ihnen meinen Lebenslauf sowie ein Empfehlungsschreiben meines aktuellen Arbeitgebers, des Tip-Stadtmagazins. Auch hier wäre man an einer Zusammenarbeit interessiert aus so naheliegenden Gründen wie »neue Märkte erschließen«, »Imagekampagne: erstes Stadt-Magazin auf dem Mars«, usw.

Gerne würde ich als Kolumnistin die ersten Schritte der Menschheit auf dem Mars kritisch dokumentieren. Durch meine bisherige Tätigkeit im Berliner Nachtleben bin ich auf extreme Bedingungen vorbereitet und hochflexibel in der Arbeitsweise. So ist es mir möglich, Texte in gefühlter Schwerelosigkeit, mit wenig Sauerstoff und auch unter ungünstigsten Lichtverhältnissen (Schwarzlicht, Stroboskopgewitter) zu formulieren. Professor Hans-Joachim Blome von der Fachhochschule Aachen informierte bereits im Focus Magazin über die zu erwartende radioaktive Strahlung auf der Marsoberfläche. Ich freue mich daher, Ihnen mitteilen zu können, dass ich plane, einen Großteil meiner Lebenszeit auf dem Mars in unterirdischen Gewölben zu verbringen. Seit den frühen neunziger Jahren trainierte ich vorbereitend in Berliner Kellerclubs. Bis zu 48 Stunden harrte ich hierzu unter ähnlichen Bedingungen in strahlungssicheren Räumen des WMF, Deep-Clubs oder Walfisch unterhalb der Erdoberfläche aus. Wegen der zu erwartenden Temperaturen auf dem Mars mit -85 Grad bei Nacht und den, wie ich hörte, leider auch sehr unwegsamen Böden werde ich entsprechende Garderobe bzw. robustes Schuhwerk mitführen. Hier auf der Erde kennt man mich vor allem als hilfsbereite und kommunikationsfreudige Person, und es wäre mir ein persönliches Anliegen, auf dem Mars als emotionaler Anker für meine Mitmenschen zu fungieren. Bei einer wegen des fehlenden Sonnenlichts zu erwartenden kollektiven Massendepression könnte ich auf unkonventionelle Art Hilfe leisten. Das Knowhow für improvisierten Slapstick und kleinere Tanzprogramme erwarb ich am Europäischen Theaterinstitut. Ich darf und möchte Ihnen nicht verschweigen, dass die Ursachen für mein Interesse an einem Leben auf dem Mars vor allem auf Wut und gefühlter Perspektivlosigkeit basieren. Die politische Situation in Europa, das aktuelle Gesellschaftssystem, das soziale Gleichgewicht, Klima- und Umweltschutz scheinen mir sowie 1022 meiner Facebook-Freunde unwiederbringlich gescheitert. Ich setze daher meine Hoffnungen auf einen Neustart an unverbrauchtem Ort. Besonders erfreut hat mich die Nachricht, dass das Dresdener Forscherteam um Prof. Fritz Gerald Schröder am Algenreaktor bereits freischwebende Pflanzen für den Mars züchtet. Ich darf Ihnen mitteilen, dass auch ich über eine erstaunlich robuste Balkonpflanze (Tomate) verfüge, die ich dem Team selbstverständlich kostenfrei zur Verfügung stellen werde. Es würde mich freuen, Ihnen weitere konkrete Vorschläge in einem persönlichen Gespräch präsentieren zu dürfen.

Hochachtungsvoll, Jackie A.

Wenn die letzte Option der Menschheit ein Leben auf dem Mars ist, dann ist die vorletzte ein Haus im Nirgendwo. Dort lebe ich nun am Rande eines Waldes. Hier wächst die Tomatenpflanze. Hier werden Schlapphüte getragen. Hier trifft man das Leben unter jedem zweiten Stein, und manchmal – Schrecksekunde! – lebt sogar der (siehe >Google >Steinpflanze). In der Abenddämmerung kann man Rehe beobachten, die das Gartentor passieren und überall wächst der Giersch, eine Art pflanzliches World Wide Web. Sein unterirdisches Wurzelgeflecht ist im Boden des gesamten Gartens und darüber hinaus vernetzt. Ich versuchte mal das zähe Unkraut mit einem Spaten auszugraben. Ich packte eine Wurzel und zog kräftig, um dann mit ihr einmal quer durch den Garten zu laufen. Ich dachte, ich hätte es jetzt unter Kontrolle gebracht. Eine Woche später war das Kraut zurück, und zwar üppiger als zuvor. Inzwischen ist klar, der Giersch und das Leben sind unkontrollierbar. Ich werde mir trotzdem einen größeren Spaten zulegen, den größten, um genau zu sein.

Damit werde ich den Garten umgraben, zwei bis acht Apfelbäume einsetzen, den Giersch weiter traktieren und überall Liebe pflanzen. Wohl wissend, dass alles, was vom Heldentum übrig bleiben wird, ein verfallener Hügel ist, bewachsen mit Unkraut. (frei nach Konfuzius)

Testament einer aussterbenden Spezies

Was mit diesem Buch geschehen soll

Ich wünsche mir, dass Sie dieses Buch nach dem Lesen zu anderen schönen Büchern stellen. Es fühlt sich wohl in der Nähe von privaten Tagebüchern und selbstgeschriebenen, holprigen Gedichten – aber auch neben Literatur von Herrndorf, Strunk, Schamoni oder der Biografie von Loki Schmidt.

Das Buch möchte gern angefasst werden. Es wäre also schön, wenn Sie immer mal wieder darin blättern könnten. Es lässt sich auch gut verschenken, dann allerdings nur in roséfarbenem oder grünem Geschenkpapier. Auf Blau reagiert es allergisch! Es wurde geschrieben, um einige Menschen auf besondere und sehr persönliche Weise zu unterhalten und um eine einzelne Autorin zu ernähren. Ich hoffe also, Sie hatten ein paar gute Momente damit.

Was mit dem Tagebuch geschehen soll ?!?!?

In diesem Tagebuch habe ich interresante und lustige Tage meiner Kindheid festgehalten. Ich habe nicht jeden Tag aufgeschrieben das hat 3 Gründe: 1. Es war nich jeder Tag interresant oder lustig 2. Dazu hatte ich nicht genug Zeit 3. Dazu hätt' ich auch keine Lust Dieses Heft hatte ich am Anfang nur so zum Spaß angelegt man merkt es daran das ich mir am Anfang (auch jetzt noch manchmal) nicht richtig müre gegeben habe. Ich habe das alles Aufgeschrieben damit ich später mich immer in die Kindheit zurückversetzen kann.

Jacqueline Tegge

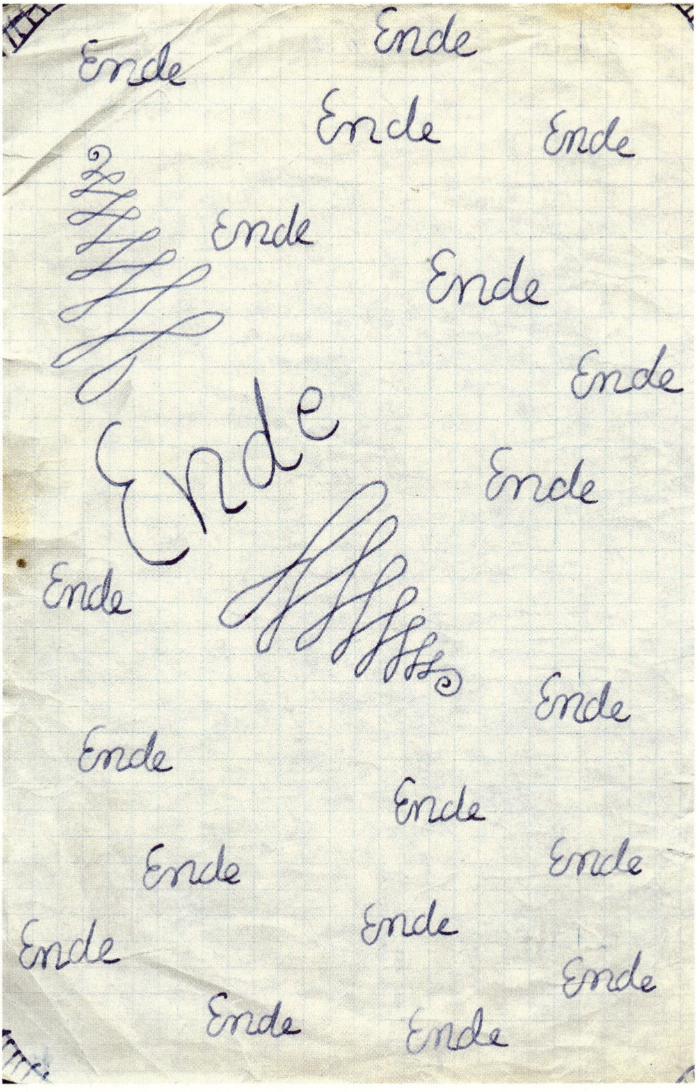
Ende
Ende
Ende
Ende
Ende
Ende
Ende
Ende
Ende
Ende
Ende
Ende
Ende
Ende
Ende
Ende
Ende
Ende
Ende
Ende

Danksagung:

Dank an Sabine, Marko, Jan, Steffi, Alex, Zschirpi, Marko, Andreas, Kristin, Evi, Silke, Jens und die gesamte Klasse 4 a, Kordula, Heiko H., Heiko B. und Heiko Z., die Kollegen vom Tip-Stadtmagazin, die Vorleser/innen vom Salon »Liebes Tagebuch«, Marcus, Nancy, Hardy, Tom, Sarah, Mia, Gudrun, Christiane, Andreas & Tomski, Kathrin, Klaus, meine Familie und meine Freunde auf Facebook.

Inhalt

ZEINER, MONIKA
Die Ordnung der Sterne über Como
Roman
607 Seiten
Gebunden
ISBN 978-3-351-05000-9
Auch als E-Book erhältlich

Wie viel Liebe verträgt eine Freundschaft?

Dieser Roman erzählt die Geschichte zweier Männer und einer Frau, die ihre Freundschaft und ihre Liebe aufs Spiel setzen. Tom Holler, halbwegs erfolgreicher Pianist und frisch getrennt von seiner Frau, tourt mit seiner Berliner Band durch Italien. In Neapel hofft er seine große Liebe wiederzutreffen: Betty Morgenthal. Doch je näher ihre Begegnung rückt, desto tiefer taucht Tom in die Vergangenheit ein. Denn vor vielen Jahren verunglückte Marc, sein bester Freund und Bettys Lebensgefährte. Er hat keine andere Wahl, als die fatale Dreiecksgeschichte noch einmal zu erleben.
Berlin und Italien, Leichtsinn und Schwermut, Witz und Dramatik, die lauten und die leisen Töne – dieser Debütroman ist voller Musik.

»Es ist unerhört selten, dass eine Frau mit dieser Gerechtigkeit, jenseits aller Klischees, über einen Mann schreibt. Was für ein Roman!«
MICHAEL KUMPFMÜLLER

»Untergründig und scharfsinnig und im nächsten Moment sehr poetisch und heiter.« RAINER MERKEL

Mehr Informationen erhalten Sie unter www.blumenbar.de
oder in Ihrer Buchhandlung

Blumenbar

ILARIA PALOMBA
Tu dir weh
Roman
314 Seiten. Gebunden
ISBN 978-3-351-05001-6
Auch als E-Book erhältlich

Ohne Narben wirst du nicht alt

Die hübsche, neunzehnjährige Philosophiestudentin Stella lernt auf einer Party einen Mann mit verführerischer Stimme kennen: Marco. Kurz darauf machen sie es im Auto. Das erste Mal ist wie ein Rausch. Doch der Drang, es so noch einmal zu erleben, führt Stella in eine folgenschwere Abhängigkeit. Sie spürt, was Marco mit ihr vorhat. Doch erst als es zu spät ist, kann sie sich befreien.
Eine bitter-süße Abrechnung mit der Macht der Männer und der Sehnsucht nach immer mehr Leben.

»Brennend, irritierend, klaustrophobisch, besessen. Man liest es in einem Atemzug.« LA REPUBBLICA

Mehr Informationen erhalten Sie unter www.aufbau-verlag.de oder in Ihrer Buchhandlung

Blumenbar

Zuletzt | Kolumne

Jackie Asadolahzadeh

H. R. Zille am 10. Januar 1858

...ffenen Beziehung mit Oranienburg

...aldschrat

...treten

...gar nicht"

Jackie Asad...

24. November 1984 a...
in Watseka (Illionis)

Jackie Asadolahza...

Geboren: als Ida Wüst am 10. Oktober

Beziehungsstatus: Es ist nicht so toll mit der R...

Sternzeichen: alterndes Zirkuspferd

Interessiert an: Winterverbot für Partnerb...

Letzte Homepage: http://www.beforeidieiw...

Letzter Track: Die Antwoord, „Tension"

Letztes Video: „Tragödien der Liebe" T...

Letzte Meldung: Zu schlapp, die Club-M... aufzuschrauben ...

Kontostand: - 807, 13 Euro

Bankinformation: Lastschrift 638,- Eur... Discotel telefoniere...

Jackie Asadolahzadeh

Geboren: als Hildegard Jackie von Bingen 1098 in Bermersheim (oder Niederhosenbach)

Beruf: Universalgelehrte

Sternzeichen: Bimsstein

Hobbys: mit Abt Kuno von Disibodenberg über ... Kloster gründen

Letzter Drin...

Jackie Asadola...

Geburtsdatum: 24.11.1801 als Ludwig Bechstein in Weimar

Beziehungsstatus: im Trennungsjahr mit Deutsche Telekom

Über mich: Gonzojournalismus und Nachtlebenforschung since 1891

Sternzeichen: Windjacke

Interessiert an: Gold, Diamanten, Hühnersüppchen, Celine Dion

Aktivitäten: mit offenem Haar im Windkanal tanzen

Letzter Track: Harald Juhnke, „Barfuß oder Lackschuh"

Letzte Party: Prince Charles, Kreuzberg

Letzte Meldung: Habe einen Zettel an den Briefkasten geklebt: „Bitte keine Werbung, keine Zeitungen, keine Rechnungen, keine Mahnungen – nur Liebesbriefe!" via Tino Meißner

Kontostand: - 3060,20 Euro

Bankinformation: Jubelmo...

Musik | Kolumne

Jackie Asadolahzadeh

Geboren am: 11. April 1982 als Viktoria Knezova in Sobrance

Interessen: Erotische Gespräche am Kamin, Midlife-Crisis allgemein

Über mich: Schlüssel verlieren, Wasserkocher einschmelz...

Letzter Track: Lana Del Rey „Born To Die"

Letzter Clip: Jan Svankmajer „Meat Love" www.youtube.com/watch?feature=player_embedded&v=UQkWrZwo5P4

Letztes Zitat: „Eine schmutzige Fantasie ist ein ewiges ..." (Shakespeare)

Letzte Party: High Five! 5 Jahre Picknick-Geburtstag, M...

Letzter Cocktail: Bielefeld (mit Gin und Rum)

Kontostand: - 612,40 Euro

...sen-Unfallversicherung mit Me... ...sorgt habe...